AF865320

ELLE S'APPELAIT ALINE

BÉATRICE

ELLE S'APPELAIT ALINE BÉATRICE

La femme derrière celle que l'on disait folle

Nicole Stéphanie PENKA KEMAJOU

Les Éditions NAFÉ

© Nicole Stéphanie Penka Kemajou, 2026

Tous droits réservés.

Aucune partie de cette publication ne peut être reproduite, enregistrée dans un système de stockage ou transmise, sous quelque forme ou par quelque moyen que ce soit — électronique, mécanique, photographique, sonore ou autre — sans l'autorisation écrite préalable de l'auteure ou de l'éditeur, à l'exception de courtes citations utilisées dans le cadre d'articles, de critiques ou de travaux de recherche, conformément à la législation applicable.

Ce livre est un récit inspiré de faits réels, de souvenirs familiaux et de témoignages recueillis par l'auteure. Certains noms, lieux, circonstances et éléments permettant d'identifier des personnes ont pu être modifiés afin de préserver leur vie privée. Les scènes reconstituées et les dialogues rapportés traduisent, aussi fidèlement que possible, la mémoire et la compréhension des événements.

Cet ouvrage ne prétend établir aucun diagnostic médical rétrospectif. Il ne remplace ni l'avis ni l'accompagnement d'un professionnel de la santé mentale.

Titre : Elle s'appelait Aline Béatrice

Auteure : Nicole Stéphanie Penka Kemajou

Éditeur : Les Éditions NAFÉ

Direction éditoriale : Nicole Stéphanie Penka Kemajou

Correction et révision : Nicole Stéphanie Penka Kemajou

Conception de la couverture : Nicole Stéphanie Penka Kemajou

Mise en pages : Nicole Stéphanie Penka Kemajou

ISBN : 978-2-9825385-4-2

Dépôt légal : septembre 2026

Première édition — 2026

Imprimé au Québec, Canada

À Aline Béatrice,

À la jeune femme enthousiaste et travailleuse que tu fus.

À l'étudiante courageuse qui quitta le Cameroun pour construire son avenir en France.

À l'enseignante à qui des parents confièrent leurs enfants.

À la femme amoureuse qui crut en une promesse.

REMERCIEMENTS

Je rends avant tout grâce à Dieu pour la force de retourner vers cette histoire familiale et de lui donner des mots. Certaines blessures demeurent longtemps silencieuses, non parce qu'elles ont été oubliées, mais parce qu'il faut parfois des années avant de pouvoir les regarder avec suffisamment de recul, de compassion et de vérité.

Ma profonde reconnaissance va à mon père, le frère aîné d'Aline Béatrice. Pendant des années, il a cherché une solution à la maladie de sa petite sœur avec les connaissances, les croyances et les ressources dont il disposait. Je n'oublierai jamais le jour où il apprit son décès. Pour la première fois, je vis mon père pleurer. Derrière l'homme qui cherchait sans relâche se trouvait un frère qui n'avait jamais cessé d'aimer.

À ma mère, j'adresse une gratitude particulière. Elle entra dans la vie de mon père alors qu'Aline Béatrice vivait déjà auprès de lui. Sans formation, sans véritable accompagnement et sans connaître l'origine de sa maladie, elle apprit à la laver, à l'habiller, à la coiffer, à lui administrer ses traitements et à préserver sa dignité. Elle accomplit pendant des années des gestes intimes, difficiles et rarement reconnus. Ce livre porte également son histoire.

Je remercie mes frères et sœurs, ainsi que tous les enfants de la famille qui ont grandi auprès d'Aline Béatrice. Nous n'avons pas tous vécu cette expérience de la même manière, mais chacun en a conservé une trace. Nos peurs, nos incompréhensions et parfois notre honte faisaient partie d'une réalité que nous étions trop jeunes pour expliquer.

Ma reconnaissance va aussi aux membres de la famille qui ont accueilli Aline Béatrice : sa sœur aînée, ses sœurs cadettes et son père au village. Chacun a essayé, selon ses forces, ses moyens et sa compréhension de la maladie. Accompagner une personne atteinte de troubles mentaux graves exige bien davantage que de bonnes intentions. Il faut du soutien, des soins adaptés, de l'information et la possibilité de passer le relais sans être condamné.

Je pense également à cette ancienne collègue venue de France qui, près de vingt ans plus tard, permit à notre famille de comprendre ce qui avait précédé l'effondrement d'Aline Béatrice. Son témoignage remit enfin la première page dans une histoire que nous avions essayé de lire à partir du milieu.

Merci à toutes les personnes qui prennent soin d'un proche malade dans le silence des maisons. Aux mères, aux pères, aux conjoints, aux frères, aux sœurs et aux enfants devenus aidants sans y avoir été préparés. Vos gestes comptent, même lorsqu'ils ne figurent dans aucun dossier médical.

Je remercie enfin l'équipe des Éditions NAFÉ pour son accompagnement et son engagement à faire naître des livres qui guérissent, inspirent et impactent.

Et à vous qui ouvrez ce livre, merci de recevoir l'histoire d'Aline Béatrice avec humanité. Puissiez-vous refermer ces pages en regardant autrement les personnes que la société désigne uniquement par leur maladie.

AVANT-PROPOS

Ce livre raconte l'histoire vraie d'Aline Béatrice, ma tante paternelle, revenue malade de France en 1975 et décédée à Douala en 2002.

Pendant longtemps, dans notre quartier comme au sein de notre famille, sa maladie parla plus fort que son prénom. Peu de personnes connaissaient la jeune femme qu'elle avait été avant que son comportement ne change : une Camerounaise partie étudier en France, devenue enseignante en école maternelle, avec un métier, des projets et une promesse de mariage.

Je ne prétends pas poser, plusieurs décennies plus tard, un diagnostic précis. Les informations concernant ses années en France nous sont parvenues tardivement, par le témoignage d'une ancienne collègue. Elles éclairent une partie de son histoire sans permettre d'en expliquer toutes les causes.

Certains événements reposent sur mes souvenirs d'enfant. D'autres m'ont été transmis par mes parents ou par différents membres de la famille. Lorsque je ne pouvais établir un détail avec certitude, j'ai choisi de le dire plutôt que de combler le silence par une invention.

Ce récit ne cherche ni un coupable unique ni une famille parfaite. Il ne méprise pas davantage les croyances traditionnelles ou spirituelles auxquelles les nôtres se sont accrochés lorsqu'ils ne comprenaient pas. Il montre cependant ce que le manque d'information, de continuité médicale et de soutien peut coûter à une personne malade comme à ceux qui l'accompagnent.

Aline méritait d'être protégée. Les proches qui l'aimaient avaient, eux aussi, besoin d'être entendus dans leur fatigue, leur peur et leurs limites. Ces vérités ne s'annulent pas.

J'écris afin que la maladie ne possède pas le dernier mot sur sa vie. Elle avait un visage, un métier, des rêves, une famille et un nom.

Elle s'appelait Aline Béatrice.

SOMMAIRE

Prologue — Rendre son nom à Aline Béatrice.......................... 9

Première partie — Grandir auprès d'elle 11

Chapitre 1 — La nuit où elle m'a frappée................................ 12

Chapitre 2 — Une adulte dont il fallait prendre soin 23

Chapitre 3 — Ce que nous appelions « la folie par le sang» 31

Deuxième partie — Avant qu'on ne l'appelle folle.......40

Chapitre 4 — Avant la maladie 41

Chapitre 5 — La nouvelle qui vint du Cameroun 51

Chapitre 6 — Ceux qui voulaient la sauver 60

Troisième partie — La maladie dans la maison...........67

Chapitre 7 — Elle était déjà là 68

Chapitre 8 — Vingt ans plus tard.. 82

Chapitre 9 — La bassine d'eau chaude.................................... 93

Chapitre 10 — De maison en maison.................................... 104

Quatrième partie — Lui rendre son histoire 115

Chapitre 11 — La première fois que j'ai vu mon père pleurer 116

Chapitre 12 — Le mot qu'on lui avait laissé 125

Chapitre 13 — Ceux qui vivaient autour d'elle 137

Chapitre 14 — Ce que ma mère avait compris 149

Chapitre 15 — La femme de la photographie 158

Chapitre 16 — Derrière celle que l'on disait folle 167

Épilogue — Elle avait un prénom 171

PROLOGUE

Rendre son nom à Aline Béatrice

Lorsque j'étais enfant, ma tante vivait chez nous. Je connaissais ses silences, ses refus, ses longues marches et les gestes imprévisibles qui obligeaient toute la maison à rester vigilante. Je connaissais surtout la peur qu'elle faisait naître en moi. Je ne savais presque rien de la femme qu'elle avait été.

Dans le quartier, on la désignait par un mot qui semblait tout expliquer : folle. Ce mot dispensait les adultes de raconter son histoire et les enfants d'interroger leur cruauté. À force de l'entendre, j'avais fini par croire qu'il disait toute la vérité.

Ma mère, elle, m'offrit un autre regard. Après une nuit qui marqua profondément mon enfance, elle me dit : « Si elle était en bonne santé, elle serait chez elle. » Je n'avais pas l'âge de mesurer toute la portée de cette phrase. J'entendis seulement que ma douleur était réelle, mais que la femme qui m'avait fait peur n'avait pas choisi la vie dont elle dépendait.

Bien plus tard, une ancienne collègue revenue de France apporta à notre famille des fragments que nous ne possédions pas. Nous apprîmes qu'Aline avait étudié et travaillé, qu'elle avait aimé, attendu et été blessée. Nous apprîmes aussi qu'elle avait reçu des soins, sans qu'aucun dossier ne nous permette aujourd'hui de reconstituer précisément son parcours médical.

Ces révélations n'effacèrent ni les années difficiles ni les limites de notre famille. Elles rendirent seulement impossible la vieille habitude de résumer Aline à ses symptômes.

Ce livre est né de cette impossibilité. Il raconte la femme malade, mais aussi le frère qui chercha longtemps une solution, la belle-sœur qui assuma les gestes invisibles du quotidien, les sœurs qui voulurent protéger puis découvrirent le poids du soin, et les enfants qui grandirent au milieu de ce qu'on ne leur expliquait pas toujours.

Je ne veux transformer personne en héros ou en coupable. Nous avons aimé avec nos connaissances, nos croyances, nos forces et nos erreurs. Certaines décisions auraient dû être différentes. Certains soins auraient nécessité des professionnels et des relais. Certaines peurs d'enfants auraient dû être mieux entendues.

Raconter cela ne retire rien à la dignité d'Aline. Au contraire, c'est refuser que le silence et la honte continuent de parler à sa place.

Pendant longtemps, on l'a appelée la folle de notre famille. Je veux commencer autrement.

Elle était une fille. Une sœur. Une tante. Une enseignante. Une femme qui avait aimé et espéré. Une personne malade.

Elle s'appelait Aline Béatrice.

PREMIÈRE PARTIE

GRANDIR AUPRÈS D'ELLE

Chapitre 1 : La nuit où elle m'a frappée

La première fois que ma tante me frappa pendant mon sommeil, je devais avoir dix ou onze ans.

Je ne me souviens plus du jour de la semaine ni du mois. Je me rappelle seulement que notre maison était pleine. Chez nous, les visiteurs étaient fréquents. Des membres de la famille venaient passer un week-end, une semaine, les grandes vacances ou une période plus longue. Il fallait alors réorganiser les couchages afin que chacun trouve une place pour la nuit.

En temps normal, Maman Aline occupait seule sa chambre. Je ne dormais pas quotidiennement avec elle et personne ne m'avait officiellement confié la responsabilité de veiller sur elle. J'avais mon propre espace de couchage avec les autres enfants de la maison.

Mais lorsque les visiteurs étaient nombreux, nous, les enfants, devions parfois libérer nos lits. C'est ainsi que, certaines nuits, on m'envoyait dormir dans la chambre de Maman Aline. Les adultes disaient simplement :

— Ce soir, tu vas dormir avec Maman Aline.

Cette décision répondait à un besoin pratique. Il fallait accueillir la famille et trouver une place pour tout le monde.

Pourtant, pour moi, ces nuits n'avaient rien d'ordinaire. Dès que je savais que je devais partager sa chambre, la peur commençait à s'installer.

Je me rappelle la chaleur de la pièce, l'obscurité et le bruit régulier de sa respiration à côté de moi. Chez nous, les nuits n'étaient jamais complètement silencieuses. On entendait parfois un chien aboyer au loin, les pas d'un voisin qui rentrait tard, le grincement d'une porte ou la voix étouffée d'une radio dans une maison du quartier. Les moustiques bourdonnaient autour de nos oreilles malgré la moustiquaire. Au moindre mouvement de ma tante, mon corps se tendait.

Ma tante était douce en général, sauf lorsqu'elle voulait quelque chose et qu'on le lui interdisait. Là elle pouvait faire preuve de violence, elle avait une force inouïe. Elle marchait dans la cour, s'asseyait à l'ombre ou parlait seule pendant de longues minutes. Parfois, elle riait sans que nous sachions pourquoi. D'autres fois, elle fixait un endroit vide avec une gravité qui nous empêchait de lui poser des questions.

Il lui arrivait parfois de poser sa main sur ma tête, prononcer mon prénom avec une tendresse inattendue ou me regarder comme si elle cherchait dans mon visage une personne qu'elle avait connue autrefois. Puis, sans avertissement, quelque chose changeait.

Son regard devenait dur. Ses paroles se mélangeaient. Elle se mettait en colère contre quelqu'un que nous ne voyions pas. Dans ces moments-là, nous apprenions à nous éloigner sans courir, car courir devant elle pouvait attirer davantage son attention.

Cette nuit-là, je dormais profondément lorsque je reçus un coup.

Je ne compris pas immédiatement ce qui venait de se passer. La douleur me réveilla avant que mon esprit parvienne à donner un sens au bruit, à l'obscurité et à la présence qui bougeait près de moi. Un deuxième coup atteignit mon bras. Je poussai un cri.

Ma tante parlait vite. Je ne comprenais pas toutes ses paroles. Elle semblait se défendre contre quelqu'un, répondre à une accusation ou repousser une menace qui n'existait que pour elle. Dans la chambre, pourtant, il n'y avait que nous deux. Je me recroquevillai contre le mur.

— Maman Aline, c'est moi !

Elle continua à parler.

— C'est moi ! répétai-je en pleurant.

Pendant quelques secondes, j'eus l'impression qu'elle ne me voyait pas. Ses yeux étaient ouverts, mais son regard traversait mon visage. J'étais devant elle sans être la personne qu'elle regardait. La porte s'ouvrit brusquement.

Ma mère entra, suivie de mon père. Elle alluma la lampe et la lumière envahit la pièce. Je ne sais plus lequel des deux éloigna ma tante du lit. Je me souviens seulement d'avoir couru vers ma mère et de m'être accrochée à son pagne.

— Elle m'a tapée !

Ma mère vérifia rapidement mon visage et mes bras. Elle me demanda où j'avais mal. Je lui montrai les endroits, en pleurant si fort que mes mots sortaient par morceaux.

Ma tante s'était assise au bord du lit. Elle ne criait plus.

Elle regardait ses mains avec un air absent, comme si elles appartenaient à une autre personne. Peut-être avait-elle déjà oublié ce qu'elle venait de faire. Peut-être ne l'avait-elle jamais vraiment compris.

À cet âge, je ne pouvais pas envisager cela. Je ne voyais ni une femme malade ni une conscience enfermée dans un monde auquel nous n'avions pas accès. Je voyais seulement celle qui m'avait frappée.

Le lendemain matin, ma colère n'avait pas diminué. J'avais mal au bras, mais c'était surtout l'injustice qui me brûlait. Les adultes savaient qu'elle pouvait devenir violente. Ils savaient qu'elle parlait seule, se mettait parfois en colère et confondait les personnes présentes avec celles qui habitaient son esprit.

Pourquoi m'avaient-ils demandé de dormir avec elle ? Pourquoi fallait-il toujours que nous nous adaptions ?

Pourquoi était-ce à nous d'avoir peur dans notre propre maison ?

Je trouvai ma mère occupée à préparer le petit-déjeuner. Elle avait déjà allumé le feu et disposé les ustensiles dont elle avait besoin. Son visage portait cette fatigue que je ne savais pas encore reconnaître. À l'époque, je pensais que les mères ne se fatiguaient jamais vraiment. Elles continuaient simplement à travailler.

Je m'approchai d'elle avec la détermination de celle qui venait réclamer justice.

— Je ne veux plus dormir avec elle.

Ma mère leva les yeux.

— Avec qui ?

Elle savait parfaitement de qui je parlais, mais elle voulait probablement m'obliger à prononcer les mots calmement.

— Avec Maman Aline. Elle m'a frappée cette nuit. Je ne veux plus qu'elle reste avec nous.

Ma mère posa ce qu'elle tenait.

— Tu sais qu'elle est malade.

— Mais elle me frappe !

— Je sais.

— Alors, qu'elle parte ! On n'a qu'à la laisser dormir dehors. Pourquoi est-ce qu'elle doit rester ici si elle nous fait du mal?

Je prononçai ces paroles avec toute la cruauté innocente d'un enfant qui cherche seulement à faire cesser sa propre peur. Ma mère ne me gifla pas. Elle ne me reprocha pas d'être méchante.

Elle ne me demanda pas d'accepter ce qui s'était passé comme si ma douleur n'avait aucune importance.

Elle s'essuya les mains, puis se tourna complètement vers moi.

— Écoute-moi bien.

Son ton n'était ni dur ni doux. C'était la voix qu'elle utilisait lorsqu'elle voulait déposer quelque chose dans notre mémoire.

— Si Maman Aline allait bien, elle ne dormirait pas ici avec toi. Elle aurait sa maison. Peut-être un mari, peut-être des enfants. Elle aurait son travail et sa propre vie.

Je baissai les yeux, encore fâchée.

— Mais elle m'a frappée.

— Oui. Et tu as le droit d'avoir mal. Tu as le droit d'avoir peur. Ce qu'elle a fait n'est pas normal. Mais elle ne l'a pas fait parce qu'elle te déteste.

Je ne répondis pas. Ma mère continua :

— Imagine que ce soit ton petit frère ou ta petite sœur qui tombe malade. Imagine qu'un jour cette personne ne reconnaisse plus les gens, parle seule ou fasse des choses qu'elle ne ferait jamais si elle allait bien. Est-ce que tu voudrais qu'on la jette dehors ?

— Non.

— Est-ce que tu voudrais qu'on la laisse marcher dans la rue jusqu'à ce qu'elle se perde ?

Je secouai la tête.

— Maman Aline aussi est la petite sœur de quelqu'un. Elle est la sœur de ton père. Avant d'être malade, elle avait une vie. Elle n'a pas choisi de devenir comme ça.

Je regardai ma mère sans savoir quoi faire de cette vérité.

Dans mon esprit d'enfant, les adultes avaient toujours été adultes. Je n'avais jamais imaginé ma tante jeune. Je ne l'avais jamais vue avec des projets, des amies, un travail ou un homme qu'elle aurait aimé. Elle avait toujours été, pour moi, cette femme qu'il fallait surveiller, laver, coiffer et empêcher de sortir seule.

J'ignorais qu'avant d'être ma tante malade, elle avait été une jeune femme pleine d'enthousiasme.

J'ignorais qu'elle avait quitté le Cameroun pour poursuivre ses études en France.

J'ignorais qu'elle avait enseigné dans une école maternelle. J'ignorais qu'elle avait été fiancée.

Et surtout, j'ignorais qu'un jour, quelque part loin de nous, quelque chose s'était brisé en elle.

— Tu comprends ? demanda ma mère.

Je ne comprenais pas tout. Mais je compris suffisamment pour ne plus demander qu'on l'abandonne dans la rue.

Cette compréhension ne fit pas disparaître ma peur. Les fois suivantes, lorsque la maison était pleine et que l'on me demandait de dormir dans sa chambre, la peur revenait. Lorsque ma tante élevait la voix, mon corps se tendait. Lorsqu'elle faisait un geste brusque, je reculais.

Cette nuit ne fut malheureusement pas la seule où je redoutai de fermer les yeux.

Plus tard, une autre proche vint elle aussi s'installer chez nous pour des raisons semblables — j'y reviendrai. Ce ne fut dès lors plus un couchage occasionnel décidé lorsque la maison recevait des visiteurs. Une chambre nous fut attribuée à toutes les trois, et je dormais au milieu des deux femmes.

Certaines nuits, l'une me frappait et l'autre prenait ma défense. Le lendemain ou quelques jours plus tard, les rôles pouvaient s'inverser : celle qui m'avait protégée devenait celle dont je devais craindre les gestes, tandis que l'autre intervenait en ma faveur. Rien n'était suffisamment stable pour me rassurer.

À l'approche du soir, mon estomac se nouait. Je ne savais jamais si la nuit serait paisible, si une voix me réveillerait ou si une main s'abattrait sur moi. Même lorsque je finissais par m'endormir, une partie de moi demeurait en alerte.

Il m'arrivait d'attendre que toute la maison soit silencieuse, puis de quitter discrètement la chambre pour aller m'allonger sur le canapé du salon. Je croyais parfois avoir réussi à m'échapper. Mais, après un moment, je sentais une présence près de moi.

Lorsque j'ouvrais les yeux, l'une de mes tantes se tenait debout devant le canapé et me regardait fixement.

— Va te coucher dans la chambre.

Le ton ne permettait aucune discussion. Je me levais, saisie d'une peur bleue, et retournais prendre ma place entre elles. Je passais alors une partie de la nuit les yeux ouverts, attentive au moindre mouvement.

Je savais qu'elles étaient malades. Je savais aussi que j'étais une enfant qui avait peur. Ces deux vérités ont longtemps vécu ensemble en moi. La compassion n'efface pas instantanément la douleur.

Elle ne transforme pas une situation difficile en une belle histoire.

Elle nous empêche seulement de réduire une personne à ce qu'elle nous a fait dans un moment où elle n'était plus maîtresse d'elle-même.

Pendant longtemps, je crus que cette nuit représentait le commencement de mon histoire avec elle. Je me trompais.

Notre histoire avait commencé bien avant ma naissance, dans un autre pays, auprès d'enfants qui l'appelaient « maîtresse » et d'un homme qu'elle croyait destiné à devenir son mari.

Mais personne ne nous avait raconté cette partie. Dans le quartier, on la désignait simplement comme la folle de la famille. Certains enfants se moquaient de sa démarche.

Des adultes l'observaient passer, puis baissaient la voix lorsqu'un membre de notre famille approchait.

On connaissait ses vêtements mal attachés, ses cheveux défaits, ses conversations avec des personnes invisibles et ses longues marches sans destination.

On ne connaissait ni ses études, ni son métier, ni les promesses qui l'avaient autrefois conduite à traverser régulièrement la distance entre la France et Bafoussam. On ne connaissait pas la femme. On ne voyait plus que la maladie.

Moi-même, il me faudrait des années pour apprendre à regarder autrement cette tante dont j'avais parfois eu honte, parfois eu peur et que j'avais un matin voulu faire jeter dehors.

Des années pour comprendre que sa folie avait une histoire.

Et près de vingt ans pour que quelqu'un venu de France nous révèle enfin ce que personne, dans notre famille, n'avait jamais su.

En relisant cette enfance, je peux tenir ensemble deux vérités. Maman Aline avait besoin de protection et de soins; nous, les enfants, avions besoin d'un couchage sûr. Protéger un enfant ne signifie pas rejeter une personne malade. Les adultes, même épuisés et sans soutien, auraient dû éviter de nous exposer à des gestes imprévisibles. Cette responsabilité ne diminue en rien l'humanité de ma tante; elle rappelle seulement que la compassion doit aussi poser des limites.

Chapitre 2 : Une adulte dont il fallait prendre soin

Au réveil, Maman Aline pouvait être assise dans un coin de la maison, le regard tourné vers un point que personne d'autre ne voyait. Elle parlait parfois seule.

Elle riait sans que nous sachions ce qui l'amusait. Ses lèvres formaient des réponses à des questions que nous n'avions pas entendues. Elle pouvait rester ainsi pendant de longues minutes, absorbée par une conversation dont elle était l'unique interlocutrice visible. Puis elle se levait et partait marcher.

Elle aimait parcourir le quartier sans prévenir. Il fallait surveiller ses déplacements, chercher à savoir où elle se trouvait et s'assurer qu'elle retrouverait le chemin de la maison. Parfois, quelqu'un venait nous dire qu'il l'avait aperçue un peu plus loin. D'autres fois, nous attendions son retour avec inquiétude.

Pour nous, les enfants, Maman Aline était une adulte. Mais elle était une adulte dont il fallait prendre soin comme d'une enfant.

Elle pouvait avoir besoin qu'on lui rappelle de se laver, de changer de vêtements ou de se coiffer. Il ne suffisait pas toujours de lui demander de prendre son bain. Il fallait parfois insister, la convaincre, la suivre et s'assurer qu'elle avait réellement fait ce qu'on lui demandait.

Ma mère s'occupait d'elle avec une patience dont je ne comprenais pas encore la mesure. Elle l'aidait à se laver. Elle entretenait ses cheveux. Elle lui choisissait des vêtements propres.

Elle surveillait son hygiène et prenait soin d'elle jusque dans les aspects les plus intimes de son corps.

Lorsque Maman Aline avait ses menstruations, il fallait s'assurer qu'elle portait une protection et qu'elle la changeait. Sans cette surveillance, elle pouvait garder des vêtements tachés ou laisser du sang là où elle s'était assise. Ma mère devait alors intervenir, la laver, changer ses habits et nettoyer derrière elle.

Ce sont des gestes que l'on accomplit généralement pour un bébé ou pour une personne devenue trop faible pour prendre soin d'elle-même.

Maman Aline, pourtant, pouvait marcher, parler, manger et accomplir certains gestes ordinaires. Elle n'était pas paralysée. Elle n'était pas couchée dans un lit. Elle paraissait parfois parfaitement capable de se débrouiller seule.

C'est ce qui rendait sa situation si difficile à comprendre.

Son corps était celui d'une femme adulte, mais son esprit ne lui permettait pas toujours de mesurer les conséquences de ses gestes.

À l'heure des repas, il fallait également rester vigilant. Elle pouvait entrer dans la cuisine, soulever le couvercle d'une marmite et plonger directement la main dans la sauce pour prendre un morceau de viande. Elle ne pensait pas nécessairement à se laver les mains avant de toucher la nourriture. Après cela, certains ne voulaient plus manger.

Il fallait alors protéger les marmites, surveiller ses passages et intervenir avant qu'elle ne touche le repas destiné à toute la famille.

Enfant, je ne voyais pas toujours la maladie. Je voyais surtout les conséquences.

Je voyais la sauce que l'on ne voulait plus manger. Les vêtements qu'il fallait laver. Les draps qu'il fallait changer.

Les promenades dont elle ne donnait pas l'heure du retour. Les conversations qu'elle entretenait avec elle-même.

Je voyais aussi la fatigue de ma mère. À cette époque, je n'avais pas encore les mots pour parler de la charge des personnes qui prennent soin d'un proche atteint de troubles mentaux. Je ne savais pas qu'une maladie pouvait atteindre une personne tout en bouleversant profondément l'existence de celles qui vivaient autour d'elle.

Je savais seulement que Maman Aline occupait beaucoup de place dans notre quotidien. Il fallait penser à elle. L'attendre. La surveiller. La protéger.

Parfois aussi, il fallait nous protéger de certains de ses gestes.

Pendant quelques années, cette vigilance devint encore plus lourde lorsque l'une des sœurs cadettes d'Aline, atteinte elle aussi de troubles mentaux, vint vivre avec nous.

Les manifestations de leur maladie n'étaient pas identiques. Maman Aline pouvait être relativement calme et douce pendant ses périodes d'apaisement. Sa sœur cadette se montrait souvent plus impulsive. Elle pouvait saisir une assiette ou tout autre objet placé à sa portée et le lancer brusquement.

Même nos jeux dans la cour exigeaient de l'attention. Nous continuions à courir et à rire, mais nous gardions toujours un œil sur ses mouvements. À table, il fallait également rester sur nos gardes : elle pouvait refuser de manger, prendre la nourriture avec ses mains, la jeter devant elle ou lancer son plat. Celui qui passait au mauvais moment risquait de recevoir la nourriture ou l'assiette.

Nous avions ainsi appris à observer avant de nous approcher, à repérer les gestes brusques et à nous écarter sans provoquer davantage d'agitation. La maison demeurait notre foyer, mais nous ne nous y sentions pas toujours entièrement en sécurité.

Ma mère devait protéger les repas, calmer les crises, surveiller deux femmes adultes et veiller en même temps sur ses propres enfants. Lorsqu'un coup nous atteignait, elle reconnaissait notre douleur et rappelait à celle qui l'avait porté que son geste n'était pas acceptable. Mais elle savait aussi que la maladie altérait sa conscience et son jugement.

Elle ne nous demandait pas de prétendre que rien ne s'était passé. Elle nous apprenait, autant qu'elle le pouvait, à distinguer la personne de la maladie, sans nier la peur et les blessures que certains comportements faisaient naître en nous. Cette compréhension grandit lentement en moi.

Il existait d'ailleurs des moments où Maman Aline semblait revenir pleinement parmi nous.

Sans prévenir, son regard redevenait présent. Sa voix se posait. Ses phrases retrouvaient leur ordre.

Lorsque nous avions un devoir de français à faire et qu'une consigne nous résistait, nous pouvions l'appeler.

— Maman Aline, tu peux nous aider ?

Elle s'asseyait alors près de nous. Elle prenait le cahier, lisait attentivement la question et nous expliquait ce que nous ne comprenions pas. Elle corrigeait une phrase, nous rappelait une règle ou nous aidait à trouver le mot juste. Sa manière de parler changeait. Elle redevenait précise, attentive, presque sévère devant une faute qu'elle estimait facile à éviter.

Pendant quelques instants, nous retrouvions l'enseignante maternelle qu'elle avait été en France. Cette femme instruite n'avait pas complètement disparu. Elle savait encore enseigner. Elle savait encore transmettre.

Elle pouvait suivre notre raisonnement, repérer une erreur et nous conduire jusqu'à la bonne réponse. Nous l'écoutions avec étonnement, parfois avec admiration.

Dans ces moments-là, elle n'était plus seulement l'adulte qu'il fallait laver, habiller ou surveiller. Elle était celle qui savait. Celle qui pouvait nous apprendre quelque chose. Celle dont nous avions besoin.

Puis, aussi brusquement qu'elle était revenue, elle repartait ailleurs. Elle se mettait à rire seule. Elle reprenait une conversation que nous ne comprenions pas ou se levait pour aller marcher. La femme qui venait de nous expliquer correctement une règle de français semblait s'éloigner derrière une porte invisible.

Nous restions là, avec nos cahiers ouverts, incapables de comprendre ce changement.

Enfants, nous disions parfois que sa mémoire était revenue, puis qu'elle était repartie. Nous n'avions aucun autre langage pour décrire ces instants.

Aujourd'hui encore, je ne peux pas expliquer précisément ce qui se passait dans son esprit. Je ne veux pas inventer un diagnostic ni donner à mes souvenirs une certitude médicale qu'ils ne possèdent pas. Je sais seulement ce que nous observions.

À certains moments, Maman Aline pouvait tenir une conversation cohérente, nous aider à travailler et se montrer parfaitement attentive. Peu après, elle se mettait à parler seule ou s'éloignait dans un univers auquel nous n'avions pas accès.

Ces instants m'ont appris, bien des années plus tard, que la maladie n'avait pas entièrement effacé la femme qu'elle avait été.

Derrière ses rires inexpliqués, ses paroles désordonnées et ses longues promenades, il restait une enseignante. Une sœur. Une femme instruite.

Une femme qui avait connu la France, le travail, l'indépendance et les projets d'avenir.

Une femme capable de nous transmettre quelque chose. La maladie avait rendu sa présence imprévisible. Elle ne lui avait pas retiré toute son humanité.

Lorsque nous parlons d'une personne atteinte de troubles mentaux, nous finissons parfois par ne plus voir que ce qu'elle ne peut plus faire. Nous énumérons les difficultés, les crises, les gestes embarrassants et la fatigue qu'elle impose involontairement à son entourage.

Nous oublions qu'avant la maladie, il y avait une personne entière.

Et que, même pendant la maladie, cette personne peut encore apparaître. Par fragments. Par instants. Dans une règle de grammaire correctement expliquée. Dans un regard soudainement attentif.

Dans une phrase claire au milieu de paroles que personne ne comprend.

Maman Aline avait besoin que nous prenions soin d'elle. Mais certains jours, devant un cahier de français, c'était encore elle qui prenait soin de nous.

Chapitre 3 : Ce que nous appelions «la folie par le sang »

Après cette question, quelque chose changea dans ma manière de me tenir à l'école. Je commençai à surveiller mes gestes.

Je faisais attention à ne pas parler seule. Je refusais de rester trop longtemps dans un coin.

Lorsque je riais sans que les autres aient entendu ce qui m'amusait, je vérifiais aussitôt si quelqu'un m'observait.

Je ne savais presque rien de la maladie mentale. Je ne connaissais ni les symptômes, ni les causes, ni les différentes formes qu'elle pouvait prendre. Dans mon esprit, une personne était normale ou elle était folle. Et puisque Maman Aline appartenait à notre famille, une peur silencieuse commença à grandir en moi :

Et si cela pouvait aussi m'arriver ? J'avais environ quinze ans et j'étais en classe de seconde lorsqu'un camarade me posa une question qui resta longtemps en moi.

Nous étions en classe. Je ne me souviens plus de ce qui avait précédé cet échange ni de ce qui, dans mon attitude, avait retenu son attention. Je me rappelle seulement qu'il se tourna vers moi et me demanda, sans précaution :

— Est-ce qu'il y a des fous dans votre famille ?

Je le regardai, déconcertée.

— Pourquoi tu me poses cette question ?

Il insista :

— Non, dis-moi seulement. Est-ce qu'il y a des fous dans votre famille ?

— Non. Il n'y a pas de fou dans notre famille.

Il secoua la tête, comme s'il connaissait mieux que moi les personnes avec lesquelles je vivais.

— Non, non. Demande à ton père ou à ta mère. Il doit y avoir des fous quelque part dans votre famille, parce que ton comportement n'est pas normal.

Je répétai qu'il n'y avait aucun fou dans notre famille.

Je ne lui parlai pas de Maman Aline. Je ne voulais pas lui donner raison. Je refusais surtout qu'une réalité aussi intime devienne une information susceptible de circuler dans la classe et de servir ensuite à me désigner.

Mais, en rentrant à la maison, sa question me suivit. J'étais profondément meurtrie.

Je me demandais ce qu'il avait aperçu en moi. Qu'avais-je fait pour qu'il établisse un lien entre mon comportement et la folie ? Était-ce parce qu'il m'arrivait de rester seule ? Parce que je parlais parfois à voix basse lorsque je réfléchissais ? Parce que je ne réagissais pas toujours comme les autres ? Une pensée plus effrayante encore s'installa :

Et s'il voyait en moi quelque chose que je ne pouvais pas voir moi-même ?

Je connaissais Maman Aline. Je l'avais entendue rire et parler seule. Je l'avais vue passer d'un moment de lucidité à un monde auquel nous n'avions plus accès. Sans comprendre véritablement sa maladie, j'avais fini par associer certains comportements à ce que tout le quartier appelait la folie.

La question de mon camarade réveilla alors une peur que je n'avais jamais osé formuler :

Est-ce que je pouvais devenir comme elle ? En rentrant, je trouvai Maman Aline dans la cour. Elle portait la robe que ma mère lui avait mise le matin. Une partie de ses cheveux s'était déjà défaite. Elle marchait lentement en parlant à voix basse.

Je l'observai comme si je la voyais pour la première fois. Avions-nous les mêmes yeux ? La même façon de marcher ?

Est-ce que je bougeais moi aussi les mains lorsque je réfléchissais ?

Je détournai rapidement le regard, honteuse de mes propres pensées.

Maman Aline ne m'avait rien transmis ce jour-là. Ce n'était pas elle qui m'avait blessée. C'étaient les paroles de mon camarade.

Pourtant, au lieu de lui en vouloir, j'en voulais à sa présence. Je lui reprochais d'exister assez visiblement pour que les autres puissent nous atteindre à travers elle. Cette nuit-là, je m'observai devant le miroir.

Je répétai certaines phrases à voix basse, puis regardai le mouvement de mes lèvres. J'essayai ensuite de demeurer parfaitement immobile.

Je ne savais pas ce que je cherchais. Un signe. Une preuve.

La confirmation que quelque chose dormait peut-être déjà en moi.

À cet âge, je croyais que la folie pouvait se reconnaître comme une ressemblance familiale. On héritait du nez de son père, de la taille de sa mère, de la démarche d'une grand-mère.

Pourquoi n'aurait-on pas pu hériter aussi de cela ? Je repensai aux colères qui me traversaient parfois, à mon envie de m'isoler et aux histoires que j'inventais dans ma tête. Chaque particularité devenait suspecte. Je décidai de parler moins. Puis de ne plus rire seule.

Je m'obligeai à rejoindre les autres élèves, même lorsque j'aurais préféré rester dans mon coin.

Sans le comprendre, je commençais à me corriger pour échapper à une maladie dont j'ignorais tout. Ma mère remarqua rapidement mon changement.

Elle remarquait toujours ce que nous tentions de lui cacher, même lorsqu'elle semblait trop occupée pour nous regarder.

— Qu'est-ce qui ne va pas ?

— Rien.

— Depuis quelques jours, tu rentres et tu t'enfermes. Qu'est-ce qui s'est passé à l'école ?

— Rien, maman.

Elle attendit. Ma mère savait que certaines vérités sortent plus facilement lorsque personne ne les poursuit. Je finis par lui raconter. Pas tout.

Je lui expliquai qu'un camarade m'avait demandé s'il y avait des fous dans notre famille et qu'il avait affirmé que mon comportement n'était pas normal. Ma mère m'écouta sans m'interrompre.

— Et toi, qu'est-ce que tu crois ?

— Je ne sais pas.

— Est-ce que tu penses que tu es malade ?

— Je parle parfois seule.

— Moi aussi.

Je la regardai, surprise.

— Quand je prépare ce que je vais dire à quelqu'un, il m'arrive de parler seule. Quand je prie, je parle parfois à voix haute. Quand je suis fâchée, je peux répéter une discussion dans ma tête. Cela ne veut pas dire que je suis malade.

— Mais Maman Aline aussi parle seule.

— Ce n'est pas parce que deux personnes font un même geste qu'elles vivent la même chose.

Elle s'assit près de moi.

— Ta tante ne se contente pas de réfléchir à voix haute. Elle entend ou voit peut-être des choses auxquelles nous n'avons pas accès. Elle ne contrôle pas toujours ses réactions. Elle a besoin de soins. Toi, tu es une jeune fille qui aime parfois rester seule. Ce n'est pas la même chose.

— Mais est-ce que je peux devenir comme elle ?

Ma mère ne répondit pas immédiatement. Elle aurait pu me promettre que cela n'arriverait jamais. Elle aurait pu balayer ma peur d'un geste. Elle choisit plutôt l'honnêteté.

— Je ne peux pas te dire tout ce que la vie te réserve. Mais je peux te dire que tu n'as pas à vivre en surveillant chacun de tes gestes. Si un jour tu ne vas pas bien, nous chercherons de l'aide. Être malade n'est pas une honte.

À cette époque, cette phrase me surprit. Tout ce que je voyais autour de moi disait le contraire.

Si la maladie n'était pas une honte, pourquoi baissions-nous la voix pour parler de ma tante ? Pourquoi les voisins riaient-ils ?

Pourquoi mon camarade avait-il utilisé la folie pour me faire douter de moi-même ?

Pourquoi les adultes disaient-ils parfois qu'une famille avait été maudite lorsqu'un de ses membres perdait la raison ?

La honte n'était peut-être pas dans la maladie. Mais elle était partout autour d'elle.

Le regard des autres ne cessa pas de me faire mal du jour au lendemain.

Pendant longtemps, je continuai à craindre qu'un comportement inhabituel me rapproche d'elle. Je me demandais parfois si mes colères, mes silences ou mon imagination portaient la trace d'une fragilité cachée.

Mais une autre question commença progressivement à remplacer la première. Au lieu de me demander seulement:

Est-ce que je risque de devenir comme elle ? Je commençai à me demander :

Comment était-elle avant ? Personne ne naît adulte, errant dans un quartier, les cheveux défaits et parlant à des personnes invisibles. Ma tante avait été une enfant. Puis une jeune fille. Elle avait étudié. Elle avait travaillé.

Elle s'était occupée d'enfants dans une école maternelle. Elle avait aimé un homme au point de traverser régulièrement des milliers de kilomètres pour le retrouver.

Comment cette femme-là était-elle devenue celle qui vivait chez nous ?

Lorsque je posais des questions, les adultes répondaient par fragments.

— Elle était très intelligente.

— Elle travaillait beaucoup.

— Elle vivait en France.

— Elle était fiancée.

Puis les voix baissaient. Après cela venaient les suppositions. Quelqu'un avait été jaloux de sa réussite.

On lui avait fait du mal avant son retour. Une personne ne voulait pas qu'elle reparte en Europe. On avait travaillé mystiquement contre elle.

Chaque membre de la famille détenait une explication. Aucun ne possédait toute l'histoire.

La vérité se trouvait ailleurs, enfermée dans la mémoire de ceux qui l'avaient connue en France. Mais nous l'ignorions encore.

Alors, en attendant de comprendre, nous vivions avec les conséquences d'une histoire dont le commencement nous avait été retiré.

DEUXIÈME PARTIE

AVANT QU'ON NE L'APPELLE FOLLE

Chapitre 4 : Avant la maladie

La première photographie que je découvris de ma tante avant la maladie se trouvait dans une vieille enveloppe conservée par mon père.

Je ne sais plus ce que je cherchais ce jour-là. Peut-être un document pour l'école, une ancienne photo de famille ou simplement quelque chose que je n'avais pas le droit de toucher. À cet âge, les enveloppes rangées au fond des armoires semblaient toujours contenir des secrets. La photographie était en noir et blanc.

Une jeune femme se tenait devant un bâtiment que je ne reconnus pas. Elle portait une robe ajustée à la taille et ses cheveux étaient soigneusement coiffés. Elle ne souriait pas complètement, mais son visage exprimait une assurance tranquille. Je retournai la photo.

Quelques mots avaient été écrits derrière, avec une date devenue presque illisible. Je regardai de nouveau la jeune femme.

Il y avait quelque chose de familier dans ses yeux, mais je refusais de croire qu'il puisse s'agir d'elle. J'emportai la photographie auprès de mon père.

— Papa, c'est qui ?

Il posa les yeux dessus. Son visage changea immédiatement.

— Où as-tu trouvé ça ?

Je lui indiquai l'armoire. Il prit la photo entre ses doigts et resta silencieux quelques instants.

— C'est ta tante.

Je crus qu'il parlait d'une autre de ses sœurs.

— Laquelle ?

Il prononça son nom. Je ris, persuadée qu'il plaisantait.

— Ce n'est pas elle.

— Si.

— Mais elle est belle.

Les mots sortirent avant que je comprenne ce qu'ils signifiaient. Mon père leva les yeux vers moi.

— Elle est toujours belle.

J'eus honte.

— Je voulais dire... elle est différente.

— C'est la maladie qui a changé ce que vous voyez. Pas la personne qu'elle était.

Il posa la photo sur la table.

— Ta tante était une très belle jeune femme. Elle était vive, courageuse et travailleuse. Elle ne restait pas les bras croisés.

J'approchai une chaise. Pour la première fois, mon père ne semblait pas pressé d'écourter la conversation.

— Elle faisait quoi ?

— Beaucoup de choses. Elle voulait avancer. Elle avait des projets. Quand elle a eu la possibilité de partir en France, elle n'a pas eu peur.

Je regardai encore la photographie. La femme qui s'y trouvait semblait capable de décider elle-même de l'heure de son bain, de choisir ses vêtements et de marcher dans une rue sans que personne ne se demande où elle allait.

— Elle était déjà malade quand elle est partie ?

— Non.

La réponse fut immédiate.

— Elle allait bien.

Ces trois mots ouvrirent une porte dans mon esprit. Elle allait bien.

Cela signifiait qu'il avait existé un temps où la maladie n'organisait pas toutes ses journées. Un temps où mon père ne la cherchait pas dans les rues. Où ma mère n'avait pas à la laver. Où les enfants du quartier ne riaient pas à son passage.

— Alors, qu'est-ce qui lui est arrivé ?

Mon père reprit la photo.

— Nous ne savons pas exactement.

À cette époque, c'était la réponse la plus honnête qu'il pouvait me donner.

Bien avant de devenir la femme que nous connaissions, ma tante avait été l'une des plus enthousiastes de sa fratrie.

Elle aimait travailler et ne craignait pas les efforts nécessaires pour améliorer sa situation. Les membres de la famille qui parlaient de cette période évoquaient une jeune femme soignée, déterminée et capable de défendre ses choix.

Elle ne possédait peut-être pas encore tout ce qu'elle désirait, mais elle croyait que la vie se trouvait devant elle. Elle était également amoureuse.

L'homme vivait au Cameroun. À Bafoussam, ils se retrouvaient discrètement, loin des discussions familiales et du regard de ceux qui auraient voulu connaître immédiatement leurs projets. Ils s'étaient promis le mariage.

Je ne sais pas quels mots exacts ils avaient échangés. Je ne sais pas s'il lui avait offert une bague, écrit une lettre ou simplement pris ses mains entre les siennes pour lui promettre qu'il l'attendrait.

Mais elle était partie en France avec la certitude qu'un avenir commun les attendait. Elle ne quittait pas l'homme. Elle partait préparer leur vie.

À cette époque, partir pour l'Europe représentait bien davantage qu'un changement de pays.

Dans les familles, le départ de l'un devenait parfois l'espérance de tous. On imaginait les études, le travail, la réussite, puis l'aide qui reviendrait vers ceux restés au pays.

La personne qui voyageait portait ses propres rêves, mais aussi ceux des parents, des frères, des sœurs et parfois de tout un entourage. Ma tante partit avec cette responsabilité. Elle devait étudier. Travailler. Réussir.

Elle devait également préserver l'amour qu'elle laissait derrière elle. Les premières années en France ne furent probablement pas faciles. Il fallait s'adapter au climat, aux habitudes, à l'éloignement et à cette solitude particulière que connaissent ceux qui vivent loin des leurs tout en essayant de rassurer tout le monde. Lorsque la famille demandait :

— Tout va bien ?

Il fallait répondre :

— Oui.

Même lorsque le froid paraissait interminable. Même lorsque l'argent manquait. Même lorsque l'absence devenait lourde. Ma tante poursuivit ses études.

Elle travailla avec la même détermination qu'au Cameroun et finit par devenir maîtresse dans une école maternelle.

Lorsque j'appris ce détail, je demeurai longtemps incapable de l'associer à la femme qui vivait chez nous. Une maîtresse d'école.

Chaque matin, elle devait se lever, se laver, se coiffer et choisir une tenue convenable. Elle préparait probablement ses activités, accueillait les enfants, calmait leurs pleurs et surveillait leurs jeux.

Des parents lui confiaient ce qu'ils avaient de plus précieux. Elle savait expliquer. Organiser. Protéger.

Elle pouvait reconnaître la fatigue d'un enfant, essuyer ses larmes et lui rappeler les règles.

La femme que nous devions surveiller avait autrefois été responsable de toute une classe.

Cette réalité me bouleversa plus tard parce qu'elle révélait l'étendue de ce que la maladie lui avait pris.

Elle ne lui avait pas seulement retiré la capacité de prendre soin d'elle-même.

Elle avait englouti une profession, une autonomie, une réputation et une place dans la société.

Malgré la distance, elle resta fidèle à la promesse échangée avec son fiancé.

Elle ne pouvait pas encore le faire venir en France. Les moyens manquaient et leur situation n'était pas suffisamment stable pour organiser une installation commune. Alors elle trouva une autre solution.

Environ tous les trois mois, lorsqu'elle le pouvait, elle prenait l'avion pour le Cameroun.

Elle arrivait avec quelques affaires, retrouvait sa famille, puis se rendait à Bafoussam.

Là-bas, les deux amoureux vivaient leur idylle dans la discrétion.

Pour elle, ces voyages n'étaient pas de simples vacances. Ils entretenaient la promesse. Chaque retour disait :

Je ne t'ai pas oublié. Chaque séparation répétait :

Patiente encore. Elle repartait en France convaincue qu'elle travaillait pour eux deux. Chaque étude achevée, chaque salaire économisé et chaque démarche accomplie rapprochait le jour où ils pourraient enfin vivre ensemble.

La distance leur imposait une attente, mais elle ne semblait pas remettre leur engagement en question. Du moins, c'est ce qu'elle croyait.

Je me demande parfois ce qu'elle ressentait dans l'avion qui la ramenait en France après chacun de ces séjours. Regardait-elle les lumières disparaître sous elle ?

Comptait-elle déjà les semaines qui la séparaient du prochain voyage ? Imaginait-elle leur mariage ? Le logement qu'ils partageraient ? Les enfants qu'elle espérait peut-être avoir ?

Elle travaillait auprès des enfants des autres alors que son propre foyer demeurait une promesse suspendue entre deux pays.

Personne ne sait combien de projets elle avait bâtis autour de cet homme.

Nous savons seulement qu'elle croyait en sa parole. Et que pendant qu'elle étudiait, travaillait et voyageait pour préserver leur relation, une autre histoire se construisait derrière elle.

Mon père ne connaissait pas tous ces détails lorsque la maladie commença.

Pour lui, sa petite sœur était partie en France, avait étudié et trouvé un travail. Elle revenait au Cameroun, puis repartait. Il savait probablement qu'un homme existait, mais il ignorait ce qui se jouait réellement entre eux.

Dans beaucoup de familles, les histoires sentimentales ne sont pas racontées dans leur totalité. On annonce le mariage lorsqu'il devient certain.

On présente officiellement la personne lorsque les familles doivent intervenir.

Avant cela, on garde les espoirs, les doutes et les promesses dans un espace privé. Ma tante avait protégé son histoire d'amour.

Lorsque cette histoire la détruisit, le silence qui l'avait entourée empêcha aussi sa famille de comprendre ce qui lui arrivait.

Mon père rangea finalement la photographie dans son enveloppe.

— Tu peux me la donner ? demandai-je.

Il hésita.

— Pourquoi ?

— Je veux la garder.

Il me regarda longuement, puis me la tendit.

— Fais attention à ne pas la perdre.

Je l'emportai dans ma chambre et la cachai entre les pages d'un cahier.

Pendant plusieurs jours, je la regardai en secret. Puis j'observais ma tante dans la cour.

Je cherchais la jeune maîtresse d'école sur son visage. Parfois, lorsqu'elle relevait la tête ou arrangeait spontanément un morceau de son vêtement, je croyais l'apercevoir. Elle disparaissait presque aussitôt.

À cette époque, j'ignorais encore le nom de l'homme qu'elle avait aimé.

J'ignorais aussi qu'au moment même où elle préparait leur avenir en France, il avait choisi d'épouser une autre femme au Cameroun.

Et qu'elle apprendrait son mariage non pas de sa bouche, mais par une connaissance.

La nouvelle traverserait les frontières plus rapidement que toutes les promesses qu'il lui avait faites.

Après cela, la jeune femme de la photographie commencerait lentement à s'effacer.

Chapitre 5 : La nouvelle qui vint du Cameroun

La nouvelle arriva en France par une connaissance. Elle ne fut pas précédée d'une lettre de rupture.

Il n'y eut ni explication, ni conversation préparée, ni demande de pardon.

Une personne qui connaissait leur histoire rencontra ma tante et lui demanda probablement si elle avait appris ce qui venait de se passer au Cameroun.

— Appris quoi ?

Il suffit parfois de deux mots pour séparer une vie en deux. Avant. Après.

L'homme qui lui avait promis le mariage venait d'épouser une autre femme.

Pendant des années, nous avons ignoré la manière dont ma tante avait reçu cette nouvelle.

Nous ne savons pas si elle avait refusé d'y croire. Si elle avait cherché à l'appeler. Si elle avait demandé une preuve.

Si elle avait prononcé son nom plusieurs fois, comme si le simple fait de le répéter pouvait obliger quelqu'un à lui expliquer ce qui semblait impossible.

Nous ne savons pas non plus si elle avait pleuré devant la personne venue l'informer ou si elle avait attendu d'être seule pour s'effondrer.

Ce que nous savons, c'est qu'après cette annonce, elle ne fut plus tout à fait la même. L'homme n'avait pas seulement épousé quelqu'un d'autre.

Il avait détruit l'avenir autour duquel elle avait organisé des années de sa vie.

Elle avait étudié en France en pensant à leur installation. Elle avait travaillé en imaginant leur stabilité. Elle avait économisé ce qu'elle pouvait.

Elle avait traversé régulièrement la distance entre la France et le Cameroun pour entretenir leur lien.

Elle avait résisté à la solitude parce qu'elle croyait que cette solitude était temporaire. Soudain, tous ces efforts perdaient leur destination.

Elle ne savait plus pour qui elle avait attendu. La trahison amoureuse est souvent racontée comme une douleur dont on finit naturellement par se remettre. On pleure. On se confie à quelques amis. On range les lettres. Puis on recommence à vivre.

Mais toutes les personnes ne tombent pas de la même hauteur. Toutes ne possèdent pas les mêmes ressources intérieures, le même entourage ni la même capacité à supporter l'effondrement brutal d'un projet qui donnait un sens à leurs sacrifices. Chez ma tante, quelque chose céda.

Nous ne pouvons pas affirmer aujourd'hui que le mariage de son fiancé fut l'unique cause de tout ce qui suivit. Peut-être existait-il déjà en elle une fragilité que personne n'avait détectée. Peut-être que l'éloignement, la solitude, la pression des études et du travail avaient depuis longtemps épuisé ses forces.

Mais la révélation du mariage précéda son effondrement. Elle fut la fracture visible. Les premiers changements furent peut-être discrets. Une nuit sans sommeil. Un repas oublié.

Une journée passée à attendre un appel qui ne vint pas.

Elle continua probablement à se rendre à l'école parce que le travail était l'une des dernières structures qui tenaient encore sa vie debout.

Chaque matin, les enfants arrivaient avec leurs manteaux, leurs cartables, leurs pleurs et leurs histoires. Ils avaient besoin d'elle. Ils ne savaient rien de l'homme resté au Cameroun. Ils ne lui demandaient pas pourquoi ses yeux étaient gonflés ni pourquoi son sourire avait disparu.

Dans la classe, elle pouvait encore distribuer le matériel, organiser les activités et rappeler les consignes.

Puis les gestes les plus ordinaires devinrent plus difficiles. Se lever. Se laver. Choisir une tenue. Peigner ses cheveux. Quitter son logement à l'heure.

Elle qui avait toujours été soignée commença à négliger son apparence.

Certains jours, elle arriva à l'école les cheveux ébouriffés. D'autres fois, ses vêtements révélaient qu'elle n'avait pas pris le temps de s'occuper d'elle-même. Son hygiène se dégrada. Elle semblait absente, comme si une partie d'elle était restée enfermée dans une conversation qu'elle poursuivait sans fin avec l'homme qui l'avait trahie. Ses collègues remarquèrent le changement.

Au début, elles cherchèrent probablement une explication simple. Une mauvaise nuit. Un problème financier. Une maladie passagère. Le mal du pays. Mais les jours devinrent des semaines. La jeune enseignante enthousiaste ne revenait pas. L'une de ses collègues tenta de l'approcher.

Cette femme serait, vingt ans plus tard, celle qui viendrait enfin raconter son histoire à notre famille.

À l'époque, elle ne pouvait pas savoir qu'elle détenait une vérité dont dépendrait notre compréhension de toute une vie. Elle voyait seulement une collègue sombrer.

— Est-ce que tu vas bien ?

Ma tante répondait peut-être :

— Oui.

C'est souvent le premier mensonge que l'on prononce lorsque la vérité est trop difficile à expliquer. Comment dire:

J'ai construit mon avenir autour d'une promesse qui n'existait que pour moi ?

Comment avouer que l'homme pour lequel on traversait régulièrement un continent s'est marié sans avoir le courage de vous prévenir ?

Comment retourner auprès des personnes qui vous ont vue partir avec tant d'espoir et leur annoncer que tout s'est effondré ? Ma tante garda le silence.

Et le silence donna à la douleur tout l'espace nécessaire pour grandir. Elle commença à s'isoler.

Les conversations avec ses collègues devinrent plus courtes. Elle ne partageait plus leurs pauses comme avant. Lorsqu'on lui posait une question, elle pouvait répondre d'une manière distante ou perdre le fil de ce qu'elle disait.

Puis son comportement devint suffisamment inquiétant pour qu'on ne puisse plus parler uniquement de chagrin d'amour.

Elle ne prenait plus soin de son corps. Son travail en souffrait.

La femme chargée d'encadrer de jeunes enfants avait elle-même besoin d'être accompagnée.

Ses collègues comprirent qu'elle ne traversait pas seulement une période de tristesse. Elle était en train de perdre la capacité d'assurer certains gestes essentiels de sa vie quotidienne. Quelqu'un chercha de l'aide. Nous ignorons qui prit la première décision. Une collègue. Une responsable de l'école. Une connaissance camerounaise. Peut-être plusieurs personnes à la fois.

Ma tante fut examinée et placée sous traitement. D'après le témoignage transmis bien plus tard à notre famille, le traitement sembla calmer certains symptômes. Il ne réparait ni la trahison ni l'avenir détruit, mais Aline retrouva temporairement une apparence de stabilité. Elle recommença à se laver. À se coiffer. À répondre de manière plus cohérente.

À ressembler suffisamment à la femme qu'elle avait été pour que l'on puisse envisager son retour au Cameroun.

Pour ceux qui se trouvaient en France, ce voyage n'était probablement pas un abandon.

Ils pensaient peut-être que retrouver sa famille lui ferait du bien.

Auprès de son frère, de ses sœurs et de ceux qui l'avaient connue avant son départ, elle pourrait se reposer. Elle ne serait plus seule. Elle retrouverait les odeurs, les voix, les aliments et les habitudes de son pays.

Peut-être espéraient-ils que la distance avec le lieu de sa trahison soulagerait sa souffrance. Son voyage fut organisé.

On lui remit des médicaments pour la période suivant son départ. Nous ignorons aujourd'hui leur nature, leur dosage et les consignes exactes qui l'accompagnaient.

Mais personne ne prit réellement le relais entre les personnes qui la soignaient en France et sa famille au Cameroun. Aucun dossier complet ne précéda son arrivée.

Aucune explication détaillée ne fut donnée à mon père. Personne ne lui dit clairement :

Votre sœur vient de connaître un effondrement psychique important. Elle doit poursuivre son traitement. Lorsque ses médicaments seront terminés, ses symptômes risquent de réapparaître. Elle aura besoin d'un suivi régulier.

Ou si quelqu'un le dit, l'information n'arriva jamais jusqu'à ceux qui allaient désormais prendre soin d'elle.

Ma tante rentra donc avec sa valise, ses médicaments et une histoire enfermée dans le silence.

À son arrivée au Cameroun, la famille fut heureuse de la retrouver. Elle semblait aller bien. Elle parlait normalement. Elle reconnaissait les siens.

Elle mangeait avec eux et répondait aux questions sur la France.

On savait peut-être qu'elle avait connu une période difficile, mais personne n'en mesurait la gravité. Dans l'esprit de la famille, elle était revenue se reposer avant de repartir poursuivre sa vie. Son billet de retour existait. La date approchait. On comptait les semaines, puis les jours. Ma tante aussi semblait se préparer.

Pendant quelque temps, rien ne laissait prévoir ce qui allait arriver.

Puis, environ une semaine avant son retour prévu en France, son comportement changea. Elle commença à parler seule. Ses phrases devinrent difficiles à comprendre. Elle retira certains de ses vêtements. Elle refusa de se laver. Ses cheveux restèrent défaits.

La femme qui, quelques jours plus tôt, discutait normalement avec sa famille sembla disparaître derrière un désordre que personne ne savait nommer.

La famille ne connaissait ni le mariage du fiancé, ni l'effondrement en France, ni la nature du traitement qu'elle avait reçu.

Elle vit seulement une jeune femme revenue d'Europe en bonne santé perdre brusquement la raison à quelques jours de son départ. Alors une autre explication s'imposa.

Quelqu'un ne voulait pas qu'elle retourne en France. Quelqu'un jalousait sa réussite. Quelqu'un avait travaillé contre elle. Ma tante était arrivée avec une maladie.

Mais notre famille, privée de son histoire, se prépara à combattre un ennemi mystique.

Chapitre 6 : Ceux qui voulaient la sauver

Lorsque le comportement de Maman Aline changea, la famille ne disposait d'aucune explication médicale claire. À quelques jours de son retour prévu en France, elle parla seule, refusa de se laver et retira certains vêtements. Privés de son histoire, les siens cherchèrent la cause de cette rupture dans les croyances et les ressources auxquelles ils avaient alors accès.

Dans l'esprit de plusieurs membres de la famille, l'explication paraissait évidente : quelqu'un avait voulu l'empêcher de repartir. On parla de jalousie. De sorcellerie. De pratiques occultes.

On imagina qu'une personne envieuse de sa réussite avait décidé de la « gâter ». Peut-être lui avait-on fait manger quelque chose. Peut-être avait-on déposé un objet sur son passage. Peut-être un ennemi invisible avait-il fermé la route qui devait la ramener en France.

Ces interprétations ne venaient pas nécessairement d'un manque d'amour. Au contraire, ceux qui les formulaient voulaient la sauver.

Ils cherchaient une cause à ce qu'ils ne comprenaient pas. Ils utilisaient les explications que leur époque, leur environnement et leurs croyances mettaient à leur disposition.

Mon père, son frère aîné, refusa de rester sans rien faire.

Il conduisit Maman Aline auprès de personnes dont on lui disait qu'elles pouvaient l'aider. On lui indiquait une adresse, il s'y rendait. Quelqu'un parlait d'un guérisseur réputé, il cherchait à le rencontrer. On lui recommandait un homme de prière, un prêtre exorciste ou un tradipraticien, il y conduisait sa sœur. Il voulait la retrouver.

Il voulait que la jeune femme revenue de France reprenne ses esprits, ses projets et sa vie. Chaque nouvelle démarche portait un espoir. Cette fois-ci serait peut-être la bonne.

Cette personne comprendrait peut-être ce que les autres n'avaient pas compris.

Cette prière briserait peut-être ce que l'on croyait être une attaque.

Ce traitement ramènerait peut-être Maman Aline à elle-même. La famille passa ainsi d'une piste à une autre. Des maisons de prière. Des tradipraticiens. Des guérisseurs. Des prêtres. Des professionnels de la santé.

Les mondes spirituel, traditionnel et médical se succédaient, parfois sans véritable lien entre eux. On cherchait partout parce qu'on ne savait pas exactement ce qu'on cherchait.

Certains traitements traditionnels exigeaient des gestes particulièrement éprouvants. On prescrivait notamment des purges. Pour les administrer à Maman Aline, il ne suffisait pas de lui expliquer qu'elle devait prendre un traitement. Elle pouvait refuser, s'agiter ou ne pas comprendre ce qu'on attendait d'elle. Ma mère devait alors la supplier. La flatter. Lui parler doucement.

La convaincre de se placer dans la bonne position. Elle devait ensuite découvrir son postérieur et lui administrer la purge comme on le ferait avec un bébé incapable de coopérer.

Après, il fallait encore s'occuper de tout ce que le traitement provoquait.

Ma mère accomplissait ces gestes dans l'intimité de la maison, loin des regards de ceux qui proposaient les solutions. Ceux qui recommandaient une nouvelle adresse ou un nouveau traitement ne voyaient pas toujours ce que leur mise en œuvre exigeait réellement.

Ils ne voyaient pas le corps qu'il fallait manipuler avec précaution. Les refus. Les supplications. Le nettoyage. La fatigue.

La honte que ma mère devait éviter d'imposer à une femme déjà privée d'une grande partie de son autonomie.

Prendre soin de Maman Aline ne consistait pas seulement à l'accompagner chez quelqu'un qui promettait de la guérir.

Le véritable travail commençait souvent après le retour à la maison.

Cette recherche se poursuivit pendant des années. Entre-temps, ma mère était entrée dans la vie de mon père, leur foyer s'était construit et nous, les enfants, étions nés. Une de ses sœurs cadettes était alors venue, elle aussi, vivre chez nous. Durant quelques années, les deux sœurs partagèrent donc la même maison.

Un jour, l'un de leurs frères cadets, arrivé de France, accompagna la famille auprès d'un homme présenté comme un spirituel capable de prier pour elles. Peut-être espérait-il, lui aussi, qu'une prière particulière apporterait enfin une réponse.

Le déplacement commença par une épreuve qui aurait pu paraître comique si elle n'avait pas été aussi pénible. Il fallait faire entrer les deux femmes dans un taxi. Dès que l'une prenait place, l'autre refusait de monter. Pendant que nous essayions de convaincre la seconde, la première ressortait par la portière. Il fallait la rattraper, la ramener, parler, supplier, puis recommencer.

Lorsque toutes deux furent enfin installées, ma mère s'assit à l'arrière, entre elles.

Aucune ne voulait réellement partir. Elles ne comprenaient pas pourquoi on les arrachait à leur environnement familier pour les conduire vers un lieu qu'elles n'avaient pas choisi. Leur résistance se transforma en agitation. De chaque côté, ma mère recevait des coups tout en essayant de les calmer et d'empêcher qu'elles n'ouvrent la portière.

Leur frère observait la scène, abasourdi. Ce qui lui paraissait exceptionnel appartenait déjà au quotidien de ma mère.

Le lieu de prière se trouvait sur une montagne, dans un espace public et découvert. Il n'y avait pas de salle aménagée pour nous recevoir. Nous devions nous installer sur les rochers, auprès d'autres personnes venues chercher une délivrance, une guérison ou une réponse à leurs souffrances.

Lorsque la prière commença, les deux sœurs se plaignirent et s'agitèrent. Elles reprochaient à ma mère de les avoir conduites là. Par moments, leurs mains la frappaient encore, comme si elle était devenue, à leurs yeux, la responsable de tout ce qu'elles subissaient. Puis la pluie se mit à tomber.

Ce ne fut pas une pluie légère. L'eau s'abattit sur nous sans que nous disposions d'un véritable abri. Les rochers devinrent glissants et nos vêtements furent bientôt trempés. Pourtant, nous restâmes là, accrochés à l'espoir que cette journée ne serait pas inutile.

Lorsque nous reprîmes enfin le chemin du retour, nous étions mouillés et épuisés. Leur frère regarda ma mère et lui demanda :

— Comment fais-tu pour supporter tout cela ?

Quelques heures lui avaient suffi pour entrevoir une petite partie de ce qu'elle affrontait continuellement. Lui pouvait repartir après cette journée. Ma mère, elle, devait rentrer avec les deux femmes, les aider à retirer leurs vêtements mouillés, leur donner à manger, veiller sur elles pendant la nuit, puis recommencer le lendemain.

Ce n'était pas facile. Cela ne l'avait jamais été. Ma mère n'était ni insensible à la douleur ni naturellement préparée à prendre soin de deux personnes atteintes de troubles mentaux. Elle connaissait l'épuisement, la peur, la contrariété et parfois le découragement.

Elle recevait les coups, supportait les gestes imprévisibles et accomplissait des soins intimes qui auraient dû relever de personnes formées et soutenues. Elle poursuivait pourtant son engagement, non parce que les coups ne lui faisaient pas mal ou parce qu'elle possédait une force inépuisable, mais parce qu'elle voyait encore des personnes derrière la maladie.

Cette journée sur la montagne révéla une vérité que l'on comprend difficilement lorsqu'on ne partage pas le quotidien d'un malade : aimer une personne de loin et prendre soin d'elle chaque jour sont deux réalités différentes. De loin, on peut proposer des solutions. Donner des conseils. Indiquer une adresse. Affirmer ce qu'il faudrait faire.

De près, il faut laver, nourrir, surveiller, calmer, protéger et recommencer. De près, la maladie possède un poids. Elle prend du temps. Elle modifie l'organisation de la maison. Elle fatigue les corps et les relations.

Elle expose parfois les aidants à des gestes douloureux qu'ils hésitent à raconter, par peur que la personne malade soit rejetée ou considérée comme dangereuse.

TROISIÈME PARTIE

LA MALADIE DANS LA MAISON

Chapitre 7 : Elle était déjà là

Les événements racontés jusqu'ici appartiennent, pour certains, à mes souvenirs d'enfant et, pour d'autres, à l'histoire d'Aline avant son retour au Cameroun. Mais avant même ma naissance, lorsque ma mère entra dans la vie de mon père, Aline Béatrice était déjà là. Elle vivait auprès de son frère aîné, et la maladie avait déjà profondément bouleversé son existence.

Lorsque Maman Aline revint de France en 1975, ma mère ne vivait pas encore avec mon père.

Mes parents se fréquentaient. Ils apprenaient à se connaître et n'avaient pas encore construit la maison familiale dans laquelle nous allions naître et grandir. Maman Aline, elle, était déjà malade.

À son retour au Cameroun, elle s'installa chez son frère aîné. Mon père devint naturellement celui vers qui la famille se tourna. Il fallait lui trouver un endroit où vivre, surveiller son comportement et poursuivre les différentes démarches entreprises pour sa guérison.

Lorsque ma mère entra véritablement dans la vie de mon père, elle ne le trouva donc pas seul. Sa sœur vivait avec lui. La maladie aussi.

Ma mère avait probablement imaginé la vie auprès de l'homme qu'elle fréquentait d'une manière différente.

Elle savait qu'il avait des frères et des sœurs. Elle connaissait l'importance de la famille et les responsabilités que porte souvent un fils aîné. Mais connaître l'existence d'une belle-sœur malade n'est pas la même chose que partager son quotidien.

Maman Aline ne représentait pas une visite occasionnelle. Elle habitait là. Il fallait lui donner à manger. L'encourager à se laver.

Veiller à ce qu'elle porte correctement ses vêtements. La surveiller lorsqu'elle sortait. La chercher lorsqu'elle s'éloignait.

Supporter ses paroles incohérentes et ses changements d'humeur. Lorsque ma mère commença à vivre auprès de mon père, elle entra donc dans une histoire qui avait commencé avant elle.

Elle n'avait pas connu la jeune femme enthousiaste partie étudier en France.

Elle n'avait pas assisté aux voyages amoureux à Bafoussam. Elle ignorait la trahison du fiancé, la dépression et le traitement reçu en Europe.

Elle rencontra une femme déjà enfermée dans des comportements que la famille ne comprenait pas.

À cette époque, la famille croyait encore principalement à une attaque mystique.

On conduisait Maman Aline chez des tradipraticiens et auprès de différentes personnes susceptibles de découvrir l'origine de son état. Chaque intervenant proposait sa méthode. Des plantes. Des bains. Des préparations à boire. Des prières. Des purges.

La famille acceptait parce qu'elle voulait la voir guérir. Mon père apportait les produits à la maison avec l'espoir que, cette fois, le traitement produirait le résultat attendu. Mais prescrire une purge était une chose.

La faire accepter à Maman Aline en était une autre.

Elle refusait souvent qu'on l'approche. Dès qu'elle comprenait ce qu'on voulait lui administrer, elle se mettait en colère ou tentait de s'éloigner. Il fallait lui parler doucement. La supplier. La flatter. Attendre qu'elle soit moins agitée. Ma mère s'approchait d'elle avec précaution.

— Viens, on va seulement te donner le médicament.

— Je ne veux pas.

— C'est pour que tu te sentes mieux.

— Laissez-moi tranquille.

Ma mère insistait sans brusquer ses gestes. Elle devait trouver les mots capables de rassurer une femme qui ne comprenait pas toujours ce qu'on attendait d'elle.

Parfois, elle lui promettait quelque chose à manger après. D'autres fois, elle plaisantait pour détourner son attention. Elle répétait que tout se passerait bien.

Puis, lorsqu'enfin Maman Aline acceptait, il fallait lui demander de se dévêtir partiellement et de se pencher afin de recevoir la purge.

Ce geste, déjà intime pour un enfant, devenait particulièrement difficile entre deux femmes adultes.

Ma mère devait tenir le récipient ou le dispositif, guider sa belle-sœur et lui administrer le produit par voie rectale comme on l'aurait fait pour un jeune enfant incapable de se soigner seul.

— Reste comme ça.

— C'est fini ?

— Attends encore un peu.

— Je veux partir.

— C'est presque terminé.

Maman Aline pouvait se redresser brusquement, repousser la main de ma mère ou refuser de continuer. Il fallait recommencer à la calmer.

La retenir parfois suffisamment longtemps pour que le traitement puisse être administré correctement.

Ensuite venait tout ce que la purge provoquait. Il fallait l'accompagner. Nettoyer. Changer ses vêtements si nécessaire. Laver ce qui avait été sali.

Et recommencer lorsque le traitement prescrit s'étendait sur plusieurs jours.

Personne ne demandait à ma mère ce qu'elle ressentait en accomplissant ces gestes.

Ils ne concernaient pas seulement la saleté ou l'effort physique. Ils obligeaient deux femmes adultes à traverser une intimité qu'aucune des deux n'avait choisie.

Maman Aline perdait une partie de son autonomie et de sa pudeur.

Ma mère devait franchir cette pudeur pour prendre soin d'elle. Elle aurait pu refuser.

Elle aurait pu dire à mon père :

— C'est ta sœur. Débrouillez-vous entre vous.

Mais elle ne le fit pas. Elle voyait une femme malade.

Elle savait aussi qu'il s'agissait de la petite sœur de l'homme avec qui elle construisait sa vie. L'abandonner aurait signifié laisser mon père porter seul une responsabilité qui le dépassait déjà. Alors elle apprit. Elle apprit à la supplier sans l'humilier.

À la flatter lorsqu'un ordre direct ne fonctionnait pas. À reconnaître les moments où il fallait insister et ceux où il valait mieux attendre. À administrer les traitements prescrits. À nettoyer sans faire de commentaires.

À préserver autant que possible la dignité d'une femme qui ne pouvait plus toujours la protéger elle-même.

Lorsque mes parents fondèrent leur foyer, Maman Aline en faisait déjà partie. Elle n'arriva pas après les enfants.

Elle n'entra pas un jour dans une maison parfaitement organisée pour en bouleverser l'équilibre. Elle était là avant nous. Avant nos lits. Avant nos cahiers d'école. Avant nos disputes et nos besoins.

Avant que ma mère ne devienne la femme occupée que nous avons connue.

La prise en charge de Maman Aline ne s'ajouta donc pas soudainement à la maternité. Elle accompagna ma mère lorsqu'elle devint épouse, puis mère.

À mesure que les enfants naissaient, les responsabilités se superposaient. Un bébé à nourrir. Un autre à laver. Un repas à préparer. Des vêtements à nettoyer.

Et une belle-sœur adulte qu'il fallait parfois soigner comme un enfant.

Plusieurs années après l'arrivée d'Aline Béatrice, cette charge s'alourdit encore lorsque l'une de ses sœurs cadettes développa, elle aussi, de graves troubles mentaux et rejoignit notre foyer.

Je ne saurais dire aujourd'hui si leur cohabitation dura deux ans, trois ans ou davantage. Mon souvenir conserve seulement cette certitude : pendant quelques années, les deux sœurs vécurent simultanément dans notre maison.

Ma mère ne devait donc plus prendre soin d'une seule belle-sœur malade, mais de deux, tout en s'occupant de ses enfants et de l'ensemble du foyer. Les bains, les repas, les vêtements, les refus, les sorties imprévisibles et les nuits agitées se multipliaient. Elle devait continuellement décider qui calmer, qui surveiller et de quel enfant assurer d'abord la sécurité.

L'histoire de cette sœur cadette mériterait sans doute d'être racontée autrement et ailleurs. Le présent livre demeure celui d'Aline Béatrice. Si je mentionne cette seconde présence, c'est parce qu'elle appartient à la vérité de notre maison, à l'enfance que nous avons vécue et à la charge presque invisible que ma mère porta pendant ces années.

Pendant longtemps, je crus que ma mère savait naturellement comment s'occuper d'elle.

Je ne me demandais pas qui le lui avait appris.

Je la voyais chauffer l'eau, choisir ses vêtements, démêler ses cheveux ou la convaincre de prendre un traitement. Tout semblait faire partie de son rôle.

Ce n'est qu'en devenant adulte que je compris qu'elle avait probablement appris dans l'urgence. Elle n'était ni infirmière ni psychiatre. Elle ne disposait pas d'un manuel.

Elle ignorait même la véritable origine de l'effondrement de sa belle-sœur. Elle avançait par essais.

Ce qui calmait Maman Aline un jour pouvait provoquer sa colère le lendemain.

Un traitement pouvait sembler efficace pendant quelque temps, puis ne plus produire le résultat espéré. Un conseil contredisait parfois celui reçu précédemment. Ma mère devait pourtant continuer.

Les tradipraticiens ne voyaient Maman Aline que pendant la consultation. Les religieux la rencontraient pendant les prières. Les médecins l'examinaient pendant un temps limité.

Ma mère, elle, recevait la suite du traitement à la maison.

Lorsqu'on prescrivait une préparation difficile à administrer, c'était elle qui devait convaincre la malade.

Lorsqu'un produit provoquait des effets inconfortables, c'était elle qui nettoyait.

Lorsqu'une nuit devenait agitée, c'était dans sa maison que personne ne dormait.

Lorsqu'un traitement échouait, elle restait avec la même femme, les mêmes symptômes et une fatigue supplémentaire. Les professionnels et les guérisseurs proposaient. Ma mère exécutait.

Je repense souvent à ces purges parce qu'elles révèlent une partie du soin dont les familles parlent rarement. On raconte facilement les consultations. Les voyages. Les prières. Les sommes dépensées.

On raconte moins les gestes accomplis derrière une porte fermée. Le corps qu'il faut nettoyer. Les odeurs. Les refus. La fatigue.

La honte que l'on essaie d'épargner à la personne malade.

Et la solitude de celle qui doit tout gérer lorsque les autres sont repartis. Ma mère ne parlait pas de sacrifice. Elle disait seulement :

— Elle est malade.

Cette phrase justifiait tout. La patience. Les nuits difficiles. Les vêtements à laver. Les purges à administrer. Les coups parfois reçus. Les reproches qu'elle supportait. Elle est malade.

Cela ne rendait pas la tâche plus facile. Mais cela empêchait ma mère de transformer la malade en coupable.

Avec les années, une relation particulière se forma entre elles.

Maman Aline pouvait refuser d'écouter plusieurs personnes, puis se calmer lorsque ma mère lui parlait. Elle reconnaissait sa voix.

Elle savait peut-être, dans les espaces de lucidité que la maladie lui laissait, que cette femme ne cherchait pas à lui faire du mal. Ma mère connaissait ses habitudes. Elle savait ce qu'elle aimait manger. Ce qu'elle refusait. Les mots qui la rassuraient. Les gestes qui risquaient de l'agiter.

Cette connaissance ne venait ni des livres ni des consultations. Elle venait de la présence. Jour après jour. Année après année.

Il arrivait que, pendant ces moments de lucidité, Maman Aline exprime avec une grande justesse ce qu'elle ressentait. Un jour, elle alla trouver ma mère.

Elle paraissait calme. Son regard était clair et sa voix ne portait aucune agitation particulière.

— Marie, je me sens bizarre, lui confia-t-elle. C'est comme si j'avais besoin d'un ami.

Dans sa bouche, le mot ami semblait porter quelque chose de plus profond que le simple besoin d'avoir quelqu'un avec qui parler. Maman Aline ressentait la solitude. Elle avait besoin d'une présence. D'un compagnon.

De quelqu'un auprès de qui elle aurait pu déposer ce qu'elle portait encore en elle.

Ma mère tenta de lui répondre avec cet humour dont elle se servait parfois pour alléger les situations difficiles.

— Oh là là, Maman Aline ! Si mon mari n'était pas ton frère, je t'aurais dit : voilà un ami que nous pouvons partager. Mais comme il est ton frère, je vais alors faire comment ?

Maman Aline ne rit pas. Son visage s'assombrit. Elle resta silencieuse pendant quelques instants, puis elle se retourna et s'éloigna. Elle avait l'air profondément triste.

Cette scène pouvait sembler insignifiante à ceux qui ne voyaient en elle qu'une femme malade. Pourtant, elle révélait une souffrance que nous ne savions pas toujours regarder. Maman Aline était entourée. Mais elle était seule.

La maladie ne lui avait pas seulement retiré son métier, son autonomie et une partie de sa capacité à prendre soin d'elle-même. Elle avait dressé une distance entre elle et les autres.

Dans le quartier, on la désignait comme la folle. On parlait de ses vêtements. De ses cheveux défaits. De ses longues marches. De ses paroles incohérentes.

Mais qui pensait encore à la femme qu'elle était ?

Qui pouvait imaginer qu'elle ressentait le manque d'un compagnon ?

Qu'elle pouvait désirer une présence, une conversation, une affection qui lui soit destinée ?

Qu'elle souffrait peut-être de voir les autres construire une vie à deux pendant que la sienne se réduisait à des traitements, à des déplacements et à la surveillance de sa famille ?

Ce jour-là, ce ne fut pas seulement la maladie qui parla. Ce fut une femme seule. Une femme qui avait autrefois aimé.

Une femme qui avait cru à une promesse de mariage.

Une femme qui avait imaginé un foyer et une vie auprès de celui qu'elle attendait. La trahison avait brisé cet avenir.

La maladie avait ensuite rendu presque impossible la construction d'un autre.

Pourtant, quelque part en elle, le besoin d'aimer et d'être aimée n'avait pas complètement disparu. La maladie pouvait brouiller ses pensées. Elle n'avait pas effacé son humanité.

La famille voyait surtout mon père conduire sa sœur vers les différentes solutions qu'on lui recommandait. On admirait son engagement de frère aîné.

On savait qu'il dépensait de l'argent et refusait de l'abandonner. Son effort était réel.

Mais derrière lui se tenait une femme dont le travail était moins visible. Mon père cherchait la guérison.

Ma mère rendait la maladie supportable au quotidien. Il allait chercher les traitements. Elle les administrait. Il demandait conseil. Elle affrontait les conséquences concrètes.

L'histoire de Maman Aline ne peut donc pas être racontée uniquement comme celle d'un frère qui tenta de sauver sa petite sœur.

Elle est aussi l'histoire d'une femme qui entra dans une maison et trouva une malade qu'elle n'avait pas choisie, mais dont elle prit soin comme d'un membre de sa propre famille.

Bien plus tard, lorsque certains reprochèrent à ma mère d'avoir demandé à sa belle-sœur de faire un peu de vaisselle, personne ne parla des purges.

Personne ne rappela les années durant lesquelles elle avait lavé son corps, nettoyé ses vêtements et supporté ses refus.

Personne ne demanda combien de fois elle avait dû la supplier de recevoir un traitement que d'autres avaient prescrit. Ils virent une bassine.

Ils ne virent pas les années qui l'avaient précédée. Mais avant d'en arriver à cette bassine, notre famille allait enfin découvrir la vérité sur ce qui s'était passé en France.

Près de vingt ans après le retour de Maman Aline, une ancienne collègue se présenta chez mon père.

Elle venait demander des nouvelles de la jeune enseignante qu'elle avait connue.

Et elle ignorait encore que, dans notre famille, personne ne savait pourquoi cette jeune femme s'était effondrée.

Chapitre 8 : Vingt ans plus tard

Cette femme venue de France, mon père la reçut sans savoir encore ce qu'elle avait à lui dire.

Elle était de passage au pays et souhaitait revoir certaines personnes qu'elle avait connues avant son départ. Mais si elle venait jusqu'à notre maison ce jour-là, c'était surtout pour demander des nouvelles de son ancienne collègue.

— Où est-elle ? demanda-t-elle.

À cette époque, ma tante vivait encore chez nous. Mon père expliqua qu'elle était toujours malade. La visiteuse demeura silencieuse quelques instants.

— Toujours malade ?

La surprise qui traversa son visage alerta mon père.

— Tu savais qu'elle avait été malade en France ?

La femme comprit alors que notre famille ignorait une partie essentielle de l'histoire.

Je n'assistai pas à la totalité de leur échange. Certaines paroles me furent rapportées plus tard. D'autres circulèrent entre les membres de la famille jusqu'à devenir une histoire que chacun pouvait enfin raconter.

Mais je me souviens du bouleversement provoqué par cette révélation.

Pour la première fois, une personne reliait l'état de ma tante à ce qui s'était passé en France avant son retour au Cameroun.

La collègue expliqua qu'elles avaient travaillé ensemble dans une école maternelle.

Elle avait connu une jeune femme enthousiaste, soignée et appliquée. Ma tante aimait son métier.

Elle était capable d'encadrer les enfants, d'organiser ses journées et d'assumer ses responsabilités. Elle prenait soin de son apparence et se présentait correctement à l'école. Puis quelque chose s'était produit.

— Elle avait un fiancé au Cameroun, expliqua la visiteuse.

Mon père connaissait peut-être l'existence de cet homme, mais pas toute l'importance qu'il occupait dans la vie de sa sœur. La collègue raconta les voyages.

Tous les trois mois environ, lorsque ses moyens et son emploi du temps le permettaient, ma tante revenait au Cameroun pour retrouver son fiancé à Bafoussam. Ils s'étaient promis le mariage.

Elle attendait de pouvoir organiser leur installation commune et espérait, un jour, le faire venir auprès d'elle en France. Elle travaillait avec cette perspective. Elle économisait. Elle patientait. Elle croyait préparer leur avenir.

Puis elle avait appris, par une connaissance, que l'homme venait d'épouser une autre femme au Cameroun. Mon père écoutait sans interrompre.

Pendant près de vingt ans, il avait cherché l'origine de la maladie dans les événements entourant le retour de sa sœur.

Elle était arrivée de France en apparence normale. Elle parlait avec la famille. Elle reconnaissait les siens. Elle se préparait à repartir.

Puis, environ une semaine avant la date présumée de son voyage, elle avait commencé à retirer ses vêtements, à parler seule et à refuser de se laver. Pour la famille, l'explication semblait évidente :

Une personne jalouse ne voulait pas qu'elle retourne en Europe. Quelqu'un avait agi contre elle au Cameroun.

Or l'ancienne collègue racontait maintenant une autre chronologie. Ma tante avait commencé à s'effondrer en France.

Après avoir appris le mariage de son fiancé, elle avait fait une dépression. Elle s'était progressivement isolée.

Elle avait cessé de prendre soin de son apparence. Elle arrivait parfois à l'école les cheveux ébouriffés. Elle ne se lavait plus régulièrement.

Son comportement avait changé au point d'inquiéter ses collègues et de compromettre son travail auprès des enfants.

Des personnes de son entourage avaient alors cherché de l'aide.

Elle avait été examinée et placée sous médication.

— Pourtant, lorsqu'elle est arrivée ici, elle allait bien, répondit mon père.

— C'étaient les médicaments.

La collègue expliqua qu'avant son voyage, une quantité de médicaments lui avait été remise afin de stabiliser son état pendant un certain temps.

Tant qu'elle les prenait et que leurs effets se maintenaient, elle pouvait paraître relativement normale. Elle était capable de discuter. De reconnaître ses proches.

De participer à la vie de la famille. Lorsque les médicaments ne furent plus disponibles — ou ne furent plus pris selon les conditions prévues, nous ne pouvons pas le savoir — les symptômes réapparurent.

Ce moment correspondait précisément à la période durant laquelle la famille avait cru qu'une attaque mystique venait d'être lancée contre elle.

Ce que l'on avait interprété comme l'action soudaine d'un ennemi n'était peut-être que la réapparition d'une maladie déjà présente, jusque-là contenue par le traitement reçu en France. Un long silence suivit cette explication.

Mon père tenta probablement de remettre les années dans l'ordre. Le retour au Cameroun. Les premières semaines de stabilité. Le changement soudain. Les paroles incohérentes. Le refus de se laver. Les vêtements retirés.

La disparition progressive de la sœur qu'il avait connue. Tout prenait une autre signification.

— Pourquoi personne ne nous a rien dit ? demanda-t-il.

La collègue ne possédait pas la réponse. Elle n'avait pas organisé le voyage.

Elle ignorait ce que les personnes chargées de ma tante avaient transmis à la famille. Peut-être pensaient-elles qu'elle expliquerait elle-même son état.

Peut-être un message avait-il été confié à quelqu'un sans jamais parvenir à mon père.

Peut-être avait-on remis les médicaments sans mesurer l'importance d'assurer un suivi médical au Cameroun.

Ou peut-être que personne ne savait comment parler à une famille restée au pays d'un effondrement psychique survenu en France. Il restait seulement ce constat :

Une femme souffrant d'un trouble grave avait traversé les frontières avec une valise et des médicaments, mais sans histoire médicale clairement remise à ceux qui allaient prendre soin d'elle.

Lorsque les comprimés n'avaient plus suffi, notre famille s'était retrouvée seule devant des comportements qu'elle ne comprenait pas.

Elle avait rempli ce vide avec les explications dont elle disposait.

La révélation se répandit rapidement dans la famille. Chacun dut revisiter sa propre version de l'histoire.

Les personnes soupçonnées d'avoir « travaillé » contre elle n'étaient peut-être responsables de rien.

Le moment où les symptômes avaient réapparu n'était peut-être pas lié à son billet de retour, mais à l'interruption du traitement.

Ses paroles incohérentes n'étaient pas nécessairement les révélations d'un esprit.

Ses résistances pendant les prières, les bains et les purges ne prouvaient pas qu'une puissance mauvaise refusait de la quitter. Elle était malade.

Cette possibilité avait toujours existé, mais elle prenait désormais une forme plus concrète. La maladie avait commencé en France. Des collègues l'avaient observée. Un traitement avait été prescrit.

Il ne s'agissait plus seulement d'une supposition formulée par un médecin des années plus tard.

Une personne avait été témoin des premiers changements. Je pensai à mon père. À toutes les routes qu'il avait parcourues.

À toutes les personnes auxquelles il avait confié sa sœur. À l'argent dépensé. Aux traitements administrés.

À l'espoir qui renaissait chaque fois qu'on lui promettait une guérison. Avait-il ressenti de la culpabilité ?

S'était-il demandé ce qu'aurait été la vie de sa sœur s'il avait connu la vérité dès son arrivée ?

Avec un suivi psychiatrique régulier, aurait-elle retrouvé une partie de son autonomie ? Aurait-elle repris son travail ? Serait-elle retournée en France ?

Aurait-elle construit une autre vie après la trahison ? Personne ne pouvait répondre.

Découvrir tardivement l'histoire d'une maladie ne permet pas de réécrire les années qu'elle a emportées. Cela ajoute parfois une nouvelle souffrance :

celle d'imaginer tout ce qui aurait peut-être pu être différent.

Ma mère reçut, elle aussi, la nouvelle avec émotion. Pendant des années, elle avait pris soin d'une femme dont elle ignorait l'histoire.

Elle avait administré les traitements rapportés par mon père. Elle avait chauffé l'eau. Lavé son corps. Nettoyé ses vêtements. Supporté ses colères.

Elle avait cru, comme les autres, qu'une personne jalouse avait peut-être provoqué cet état.

À présent, elle apprenait que sa belle-sœur avait été une jeune maîtresse d'école, amoureuse et pleine de projets, avant qu'une trahison ne précède son effondrement.

Cette connaissance ne rendait pas les soins plus faciles. Mais elle donnait un sens nouveau à certains comportements.

Derrière les refus, les paroles incohérentes et les longues marches, il y avait une histoire de perte.

Derrière la femme qui retirait ses vêtements se trouvait une autre femme qui s'était autrefois préparée avec soin pour aller enseigner.

Derrière celle qu'il fallait traiter comme un enfant se trouvait une éducatrice à qui des parents avaient confié les leurs.

Je retournai mentalement vers la photographie conservée dans mon cahier. La jeune femme bien coiffée. La robe ajustée. Le regard assuré.

Pour la première fois, je pouvais tracer un chemin entre elle et la tante que j'avais connue. Ce chemin passait par la France. Une école maternelle. Des enfants qui l'appelaient « maîtresse ». Des voyages à Bafoussam. Une promesse de mariage. Une trahison. Une dépression. Des médicaments.

Puis un retour au Cameroun sans transmission suffisante de son histoire médicale.

La folie que le quartier croyait connaître possédait désormais une chronologie.

La collègue était venue rendre visite à une ancienne amie.

Elle repartit après avoir laissé dans notre maison une vérité attendue depuis près de vingt ans. Elle ne guérit pas ma tante.

Elle ne lui rendit ni son métier, ni son autonomie, ni les années perdues.

Mais elle soigna quelque chose dans notre regard. Nous pouvions enfin cesser de raconter son histoire uniquement à partir du moment où elle avait commencé à parler seule. Nous pouvions nous souvenir qu'elle avait étudié. Qu'elle avait travaillé. Qu'elle avait aimé. Qu'elle avait attendu. Qu'elle avait été trahie.

Et qu'avant que la maladie ne lui retire progressivement la maîtrise de sa vie, elle avait été une femme capable de prendre soin des autres.

Après cette révélation, la famille changea progressivement d'orientation. Elle ne renonça pas immédiatement à toutes ses croyances. Vingt années d'explications mystiques ne disparaissent pas en une seule conversation. Mais on commença à chercher autrement. On consulta davantage de médecins. Des neurologues. Des psychologues. Des psychiatres.

On voulut comprendre ce qui se passait dans son esprit et savoir s'il existait encore une manière de l'aider.

L'un de ces spécialistes formula une recommandation simple :

— Ne la laissez pas seulement errer dans le quartier. Elle a besoin de rester en contact avec les autres, d'avoir des habitudes et d'accomplir de petites tâches adaptées à ses capacités. Il faut lui permettre de se sentir utile.

Ma mère prit ce conseil au sérieux. Elle chercha des activités que sa belle-sœur pourrait accomplir sans danger. Balayer une petite partie de la cour. Plier quelques vêtements. Ranger certains objets. Faire un peu de vaisselle.

Elle ne savait pas encore que cette dernière tâche, proposée pour aider ma tante à retrouver une place dans la maison, serait bientôt interprétée comme une preuve de maltraitance.

Chapitre 9 : La bassine d'eau chaude

Ma tante détestait l'eau froide. Même lorsqu'il faisait chaud, elle refusait d'y plonger les mains. Il suffisait que ma mère lui présente une bassine pour qu'elle recule.

— C'est froid.

— L'eau n'est pas froide.

— Je ne veux pas.

Elle répétait cette phrase jusqu'à ce que quelqu'un renonce ou trouve une autre solution.

Après la recommandation du spécialiste, ma mère décida pourtant de persévérer.

Il ne s'agissait pas de transformer sa belle-sœur en employée de maison. Personne n'attendait d'elle qu'elle assume les mêmes responsabilités qu'une adulte en bonne santé.

Le médecin avait expliqué que l'inactivité totale risquait de l'isoler davantage. Ma tante avait besoin de conserver certaines habitudes, de participer à la vie de la maison et de se sentir encore capable d'accomplir quelque chose.

Ma tante pouvait laver quelques assiettes ou des cuillères. Cela ne prenait pas beaucoup de temps et quelqu'un restait toujours à proximité.

Mais puisqu'elle refusait de toucher l'eau froide, ma mère devait d'abord la chauffer.

Elle en versait une partie dans une bassine, ajoutait de l'eau à température ambiante, puis vérifiait elle-même que le mélange ne risquait pas de lui brûler les mains. Ensuite, elle installait les assiettes.

— Maman Aline, viens faire un peu la vaisselle.

— Je ne veux pas.

— L'eau est chaude.

— Je ne sais pas faire.

— Tu sais faire. Commence seulement par les cuillères.

Certains jours, ma tante refusait malgré toutes les précautions. D'autres fois, après plusieurs minutes de discussion, elle acceptait.

Elle s'asseyait devant la bassine et prenait les objets un à un. Ses gestes étaient lents. Elle utilisait parfois trop de savon, oubliait une partie d'une assiette ou remettait dans l'eau sale ce qu'elle venait de laver. Je restais près d'elle. Lorsqu'elle avait terminé, ma tâche commençait. Je reprenais les assiettes. Je relavais celles qui n'étaient pas propres. Je les rinçais. Puis je les rangeais.

À mes yeux d'enfant, cette organisation était simple : ma tante accomplissait ce qu'elle pouvait, puis je terminais le travail.

Je ne pensais pas qu'une bassine d'eau chaude pouvait provoquer son départ définitif de notre maison.

Le jour où ses sœurs arrivèrent, ma tante était assise devant la vaisselle. L'eau avait été chauffée comme d'habitude.

Ma mère se trouvait occupée à d'autres tâches dans la maison. Quelques-uns d'entre nous jouaient ou vaquaient à leurs occupations.

Les visiteuses entrèrent dans la cour et s'arrêtèrent. Leur sœur, revenue malade de France, avait les mains plongées dans une bassine.

Les enfants de la maison, eux, ne travaillaient pas à cet instant précis. L'image leur suffit.

— Qu'est-ce qu'elle fait ?

L'une d'elles posa la question d'un ton qui contenait déjà une accusation.

— Elle fait la vaisselle, répondit quelqu'un.

— Pourquoi est-ce que c'est elle qui lave les assiettes ?

Ma mère arriva et tenta d'expliquer. Un spécialiste avait recommandé de lui donner de petites activités.

Ma tante marchait trop souvent dans le quartier sans occupation. La vaisselle n'était qu'une tâche parmi d'autres.

L'eau avait été chauffée parce qu'elle ne supportait pas l'eau froide.

Je devais ensuite relaver ce qui n'était pas propre, rincer les assiettes et les ranger.

Personne ne lui demandait d'assumer le travail de la maison.

Mais lorsque la colère entre dans une conversation, les explications perdent rapidement leur poids.

— Donc tes propres enfants jouent pendant que notre sœur fait votre vaisselle ?

— Ce n'est pas ce qui se passe, répondit ma mère.

— Nous venons de le voir de nos propres yeux.

Cette phrase revient souvent dans les conflits familiaux. Nous avons vu.

Comme si voir quelques minutes permettait de connaître toutes les années qui les avaient précédées. Les sœurs de ma tante étaient blessées.

Elles se souvenaient probablement, elles aussi, de la jeune femme soignée, travailleuse et indépendante qu'elle avait été. La voir ainsi, assise devant une bassine dans la maison de leur frère, devait réveiller en elles une douleur et une colère difficiles à exprimer. Elles voulaient défendre sa dignité.

Elles craignaient peut-être que sa maladie permette aux autres de profiter d'elle.

Cette inquiétude n'était pas entièrement injuste. Une personne vulnérable ne peut pas toujours raconter clairement ce qu'on lui fait subir. La famille devait donc rester attentive à la manière dont elle était traitée. Mais leur vigilance se transforma en condamnation.

Elles ne demandèrent pas à rester plusieurs jours pour observer son quotidien.

Elles ne cherchèrent pas à savoir combien de fois ma mère l'avait lavée, habillée, coiffée ou protégée.

Elles ne demandèrent pas combien de purges elle avait dû lui administrer ni combien de vêtements elle avait nettoyés. Elles ne virent pas les nuits interrompues. Les repas surveillés. Les refus. Les colères. Les années de soins. Elles virent une bassine.

Et elles conclurent que leur sœur était maltraitée. Une assise familiale fut organisée.

Les enfants n'assistaient pas à toutes les discussions, mais les tensions traversaient les murs. Nous entendions des voix s'élever, des portes se refermer et des phrases rapportées par les adultes.

On reprochait à ma mère de faire travailler une femme malade.

On disait qu'elle réservait les corvées à sa belle-sœur pendant que ses propres enfants jouaient.

On affirmait que la sœur de la famille ne pouvait pas continuer à vivre dans ces conditions.

Ma mère expliqua de nouveau la recommandation du spécialiste. Elle parla de l'eau chauffée. De ma présence auprès de ma tante.

Du fait que la vaisselle était vérifiée et relavée après elle.

Elle rappela peut-être les soins qu'elle lui prodiguait quotidiennement. Mais se défendre dans une réunion familiale peut devenir un exercice cruel.

Plus une personne énumère ses sacrifices, plus certains lui reprochent de les compter.

— Si cela te pèse autant, il fallait le dire.

— Nous ne t'avons jamais demandé de la traiter comme une domestique.

— C'est notre sœur.

Personne ne contestait qu'elle fût leur sœur. La véritable question était différente :

Qui était prêt à prendre soin d'elle chaque jour ? Ma mère aurait pu répondre avec colère. Elle aurait pu raconter les bains. Les protections mises pendant les menstruations. Les draps lavés.

Les repas sauvés comme elle le pouvait lorsque sa belle-sœur plongeait une main sale dans la marmite.

Les médicaments qu'il fallait la supplier de prendre. Les purges qu'elle lui administrait comme à un enfant.

Elle aurait pu demander à chacune des personnes présentes combien de fois elle avait accompli ces gestes.

Mais ma mère ne transforma pas les soins donnés en arme.

Elle savait que ma tante n'était pas responsable de son état.

Elle savait également que répondre avec violence ne ferait qu'aggraver le conflit. Alors elle répéta simplement :

— Je ne la maltraite pas. Le spécialiste nous a demandé de lui donner de petites occupations.

Ses paroles ne suffirent pas. La famille avait déjà choisi ce qu'elle voulait croire.

La décision fut prise de retirer ma tante de notre maison.

Ses sœurs affirmaient qu'elles prendraient soin d'elle autrement. Leur sœur ne resterait plus auprès d'une belle-sœur qui, selon elles, la faisait travailler pendant que ses propres enfants se reposaient.

Lorsque la nouvelle nous fut annoncée, mes émotions se mélangèrent. Une partie de moi ressentit du soulagement. Je n'aurais plus à dormir avec elle.

Nous ne courrions peut-être plus dans le quartier pour la chercher.

Ma mère aurait davantage de temps pour nous. La marmite ne serait plus menacée par une main plongée sans avertissement.

Puis je vis le visage de ma mère. Elle ne semblait ni libérée ni victorieuse. Elle paraissait blessée.

Les personnes qui l'accusaient repartaient avec la femme dont elle avait pris soin pendant des années, mais elles lui laissaient l'image d'une belle-sœur cruelle.

Tout ce qu'elle avait accompli disparaissait derrière une bassine. On rassembla les affaires de ma tante. Il n'y en avait pas beaucoup. Quelques vêtements.

Des objets devenus les derniers témoins d'une vie qui avait commencé très loin de notre maison.

Elle ne comprenait peut-être pas pourquoi elle devait encore partir. Elle suivit les personnes venues la prendre, comme elle avait suivi tant d'autres personnes lors des consultations et des déplacements organisés pour elle. Je la regardai quitter la cour.

Je ne savais pas que je la voyais partir de notre maison pour la dernière fois.

Je pensais qu'elle reviendrait lorsque la colère serait retombée. Peut-être après quelques jours.

Peut-être lorsque les adultes auraient mieux compris la situation. Elle ne revint jamais. Ni la semaine suivante. Ni quelques mois plus tard.

Ni pendant les années qui précédèrent sa mort. Les premiers jours après son départ furent étranges. Nous continuions parfois à demander :

— Où est Maman Aline ?

Puis nous nous rappelions qu'elle ne vivait plus chez nous.

Le portail pouvait rester quelques minutes sans surveillance. Ma mère préparait le repas sans tourner constamment la tête.

La nuit, je m'allongeais sans craindre qu'un mouvement brusque me réveille. La paix que j'avais espérée arriva.

Mais elle ne ressemblait pas à une victoire. Un vide occupait la place de ma tante.

Même son absence exigeait que nous pensions à elle.

— Est-ce qu'elle se lave là-bas ?

— Est-ce qu'elle prend ses médicaments ?

— Est-ce qu'elle mange correctement ?

— Est-ce qu'elle essaie de sortir ?

Ma mère posait parfois ces questions sans obtenir de réponse précise.

Elle avait été jugée incapable de bien traiter sa belle-sœur, mais elle continuait à s'inquiéter pour elle.

Personne ne revint présenter des excuses à ma mère. Personne n'organisa une nouvelle réunion pour reconnaître les années durant lesquelles elle avait pris soin de cette femme.

Dans les familles, les accusations voyagent souvent plus vite que la reconnaissance.

L'épisode de la vaisselle demeura attaché à son nom. Pour certains, il prouvait qu'elle avait fait travailler une malade. Pour nous, il racontait une autre histoire.

Celle d'une femme qui avait suivi une recommandation médicale. Qui avait chauffé l'eau parce que sa belle-sœur ne supportait pas le froid.

Qui avait confié à sa propre fille la responsabilité de relaver et de ranger les assiettes.

Et qui avait été condamnée par des personnes n'ayant vu qu'un instant de sa vie.

Ma tante partit d'abord chez sa sœur aînée. Nous ne savions pas encore que ce départ marquait le commencement d'une nouvelle étape de son existence.

Après avoir vécu pendant des années dans la maison de son frère, elle allait désormais passer d'un foyer à un autre. Chez sa sœur aînée. Puis chez une sœur cadette. Ensuite auprès de son père au village.

Et enfin à Douala, chez une autre sœur cadette, où elle passerait les derniers temps de sa vie.

La famille avait voulu la retirer de notre maison pour mieux la protéger.

Mais aucune de celles qui la réclamaient ce jour-là ne savait encore ce que signifie porter durablement la vie d'une adulte que la maladie a rendue dépendante.

Chapitre 10 : De maison en maison

Après son départ de notre maison, ma tante fut accueillie par sa sœur aînée. Cette décision paraissait logique.

Puisque la famille avait estimé qu'elle était maltraitée chez son frère, l'une de ses propres sœurs devait lui offrir un environnement plus protecteur. Là, personne ne lui demanderait de faire la vaisselle pendant que les enfants jouaient. On prendrait soin d'elle autrement. On respecterait davantage son état. On lui éviterait les tâches jugées humiliantes. Les premiers jours furent probablement paisibles.

Sa sœur lui prépara une place dans la maison. Elle s'assura qu'elle avait de quoi manger et des vêtements à porter.

Elle lui parla avec la tendresse de celle qui retrouvait une cadette fragilisée par la vie.

Mais la maladie ne changeait pas selon la maison qui l'accueillait. Ma tante refusait toujours de se laver.

Il ne suffisait pas de lui déposer de l'eau et du savon. Il fallait la convaincre. La supplier parfois. Rester auprès d'elle. S'assurer qu'elle nettoyait réellement son corps.

Ses cheveux avaient besoin d'être lavés, démêlés et tressés. Ses vêtements devaient être vérifiés et changés.

Pendant ses menstruations, elle avait encore besoin d'une aide intime. Il fallait également surveiller les repas.

Comme toujours, ma tante ne se souciait guère de l'hygiène avant de toucher à la nourriture.

Elle ne comprenait pas toujours pourquoi les autres se fâchaient.

Pour elle, la nourriture se trouvait devant elle. Elle avait faim ou simplement envie de prendre ce qu'elle voyait.

Pour la personne qui avait préparé le repas, ce geste pouvait rendre la sauce impropre à la consommation et compromettre la nourriture de toute une famille.

Il fallait recommencer le repas lorsque les moyens le permettaient.

Ou trouver une solution avec ce qui restait. Ou accepter de manger autrement.

Ces incidents paraissent insignifiants lorsqu'on les raconte séparément. Une main dans une marmite. Un bain refusé. Un vêtement retiré. Une sortie sans autorisation.

Mais lorsqu'ils se répètent chaque jour, ils transforment l'organisation d'une maison.

La sœur aînée découvrit progressivement ce que notre mère avait vécu.

Prendre soin de leur sœur ne consistait pas seulement à lui offrir un lit et un repas. Il fallait organiser ses journées autour d'elle.

On ne pouvait pas sortir sans se demander qui resterait à la maison.

On ne pouvait pas laisser une porte ouverte sans vérifier où elle se trouvait.

On ne pouvait pas préparer un repas puis s'éloigner longtemps de la cuisine.

La nuit elle-même ne garantissait pas le repos. Ma tante pouvait parler seule, se lever ou devenir agitée.

Les enfants de la maison observaient ses comportements avec la même peur et la même incompréhension que nous avions connues. Certains s'éloignaient d'elle.

D'autres se moquaient peut-être avant d'être repris par les adultes.

Quelques-uns craignaient de rester seuls dans la même pièce. La maladie n'était pas seulement entrée chez une sœur.

Elle était entrée dans le quotidien de toute une famille. Avec le temps, la fatigue apparut. La sœur aînée avait ses propres responsabilités. Sa maison. Ses enfants. Ses obligations. Ses difficultés personnelles.

Elle aimait sa sœur, mais cet amour ne lui donnait ni une énergie illimitée ni les compétences nécessaires pour répondre à tous ses besoins.

Ce qu'elle avait interprété comme un manque de compassion de la part de notre mère devint une réalité qu'elle devait désormais affronter elle-même. Il fallait parfois élever la voix. Insister. Empêcher ma tante de sortir. La contraindre à se laver. Nettoyer ce qu'elle avait sali. Et supporter le regard des voisins. La sœur aînée atteignit ses limites. Elle ne pouvait plus continuer.

Ma tante fut alors confiée à l'une de ses sœurs cadettes. Une nouvelle maison l'accueillit. De nouvelles personnes durent apprendre ses habitudes. On lui attribua un endroit où dormir. On organisa ses vêtements.

On expliqua aux enfants qu'elle était malade et qu'il ne fallait pas se moquer d'elle.

La sœur cadette voulait probablement croire qu'elle réussirait là où les autres avaient échoué. Elle serait plus patiente. Plus attentive. Elle comprendrait mieux. Mais les mêmes difficultés réapparurent. Ma tante refusait certains soins.

Elle ne voulait pas toujours porter les vêtements qu'on lui préparait.

Elle pouvait retirer une protection pendant ses menstruations. Elle parlait seule et répondait à des personnes que les autres ne voyaient pas. Elle marchait sans destination précise.

Et elle ne mesurait pas les conséquences de ses gestes sur les personnes qui l'entouraient. Chaque foyer avait ses propres règles.

Dans notre maison, ma mère avait appris à la flatter et à la supplier lorsqu'elle refusait un traitement. Ailleurs, on pouvait se montrer plus ferme. Une sœur insistait. Une autre perdait patience.

Une autre encore préférait la laisser marcher plutôt que de provoquer une crise.

Il n'existait aucun plan de soins partagé entre les différentes maisons.

Aucun document n'accompagnait ma tante pour expliquer ce qui la calmait, ce qu'elle craignait ou la manière dont certains médicaments devaient être administrés. Chaque famille recommençait presque depuis le début.

Elle découvrait la maladie à travers les difficultés du quotidien.

Puis, lorsqu'elle n'en pouvait plus, elle cherchait un autre lieu. Ma tante, elle, ne choisissait rien.

Elle ne décidait ni du moment de son départ ni de sa prochaine destination. On rassemblait ses vêtements. On lui annonçait qu'elle allait vivre ailleurs. Puis elle suivait.

Je me demande ce qu'elle comprenait de ces déplacements. Savait-elle qu'on ne la supportait plus ?

Pensait-elle qu'elle partait seulement pour quelques jours ? Reconnaissait-elle chaque nouvelle maison comme un lieu temporaire ?

Il existait peut-être, derrière ses paroles incohérentes, une femme capable de ressentir chaque rejet sans pouvoir l'exprimer.

Après avoir été trahie par l'homme qu'elle espérait épouser, elle connut une autre forme de rupture. Non plus l'abandon brutal d'un fiancé. Mais une succession de séparations plus silencieuses.

Une maison qui ne pouvait plus la garder. Puis une autre. Et encore une autre.

Lorsque sa sœur cadette atteignit à son tour ses limites, la famille décida d'envoyer ma tante au village, chez son père.

Le retour au village semblait offrir une solution différente. Son père était encore vivant.

Elle retrouverait les lieux de son enfance, des visages familiers et un environnement moins contraignant que la ville.

Elle pourrait marcher sans rencontrer à chaque coin de rue des personnes prêtes à se moquer d'elle. L'espace était plus vaste. La vie suivait un autre rythme.

Peut-être espérait-on que les habitudes du village l'apaiseraient. Son père accueillit sa fille.

Il l'avait vue partir jeune, ambitieuse et pleine d'avenir. Il la retrouvait malade, dépendante et incapable de reprendre la vie qu'elle avait construite.

Il existe peu de douleurs comparables à celle d'un parent contraint de prendre soin de son enfant devenu adulte comme s'il était redevenu petit.

Le père qui avait autrefois encouragé son départ pour la France devait maintenant vérifier qu'elle se lavait et qu'elle ne s'éloignait pas trop.

Il ne pouvait ni réparer la trahison ni faire revenir les années perdues.

Il pouvait seulement lui offrir un toit et la présence familiale dont il disposait encore. Au village, ma tante continua à marcher.

Elle parcourait les chemins, s'arrêtait devant certaines maisons et parlait parfois seule.

Les habitants la connaissaient ou savaient à quelle famille elle appartenait. Certains l'appelaient par son prénom. D'autres la désignaient par sa maladie.

Même dans le lieu de ses origines, la femme qu'elle avait été disparaissait derrière ce que les gens voyaient d'elle. L'enseignante restait invisible. La jeune fiancée aussi.

Il ne restait, aux yeux de beaucoup, qu'une femme revenue de France après avoir perdu la raison.

Son séjour auprès de son père ne pouvait pas durer éternellement. Il vieillissait.

Prendre soin d'une fille adulte dépendante demandait une force et une vigilance qu'il ne possédait plus toujours. La famille dut encore chercher une solution. Ma tante quitta le village.

Cette fois, elle partit pour Douala, où une autre de ses sœurs cadettes accepta de l'accueillir. Ce fut sa dernière maison.

À Douala, la maladie avait déjà pris une grande partie de sa vie. Des années s'étaient écoulées depuis la France.

Les enfants qui l'avaient connue chez nous avaient grandi. Les membres de la famille avaient construit leurs foyers, changé de ville ou pris d'autres responsabilités.

Elle, en revanche, demeurait dépendante des personnes qui l'hébergeaient. Sa dernière sœur dut apprendre à son tour ce que les autres avaient vécu. La surveillance. Les soins corporels. Les vêtements. Les repas. Les sorties. Les changements d'humeur. La fatigue.

La peur qu'il lui arrive quelque chose pendant un moment d'inattention.

Elle accueillit non seulement sa sœur, mais aussi toutes les années de maladie que celle-ci transportait avec elle. Nous recevions de ses nouvelles.

Mais elle ne revint jamais dans notre maison. La distance avait remplacé le quotidien.

Nous n'entendions plus sa voix dans la cour. Nous ne cherchions plus ses pas dans le quartier. Je ne dormais plus à côté d'elle.

Pourtant, son passage continuait à vivre en nous. Lorsque quelqu'un parlait de maladie mentale, je pensais à elle.

Lorsque j'entendais le mot *folle*, je revoyais la photographie de la jeune maîtresse d'école.

Lorsque je voyais ma mère prendre soin d'une autre personne, je pensais aux années durant lesquelles elle avait lavé, habillé et protégé sa belle-sœur sans recevoir de reconnaissance.

Les sœurs qui avaient voulu la retirer de notre maison n'étaient pas de mauvaises femmes. Elles avaient cru la défendre.

Puis elles avaient rencontré la réalité de sa dépendance. Elles avaient découvert qu'aimer une personne malade ne suffit pas toujours pour savoir prendre soin d'elle. Elles s'étaient épuisées.

Certaines avaient peut-être ressenti de la culpabilité en la confiant à une autre.

D'autres s'étaient convaincues qu'un nouveau foyer lui conviendrait mieux. Chacune avait fait ce qu'elle pouvait avec ses limites, ses obligations et les connaissances dont elle disposait.

Mais au milieu de toutes ces décisions se trouvait une femme que personne ne consultait.

Ma tante allait là où la famille décidait qu'elle devait aller.

Elle mourut à Douala en 2002, chez la dernière de ses sœurs cadettes à l'avoir accueillie.

La nouvelle de sa mort se répandit dans la famille avec une étrange combinaison de douleur et de silence. Nous savions qu'elle avait souffert.

Nous savions aussi que sa maladie avait épuisé plusieurs foyers.

Sa mort mettait fin à une vie, mais également à une responsabilité que la famille s'était transmise pendant des années. Cette pensée était difficile à admettre.

On peut pleurer une personne et ressentir en même temps que son combat est terminé.

On peut regretter son absence tout en sachant que sa présence avait été lourde à porter. Ces sentiments ne s'annulent pas.

Ils racontent seulement la complexité d'aimer quelqu'un que la maladie a rendu profondément dépendant.

Après sa mort, je repensai à toutes les maisons qu'elle avait traversées. La maison de son frère aîné. Celle de sa sœur aînée. Celle d'une sœur cadette. La maison de son père au village.

Puis celle de sa dernière sœur à Douala. Chaque maison avait essayé. Chaque maison s'était épuisée.

Et chacune avait conservé une partie de son histoire. Mais aucune n'avait pu lui rendre la seule maison qu'elle avait véritablement perdue :

la vie qu'elle aurait peut-être construite si la maladie ne l'avait pas emportée.

QUATRIÈME PARTIE

LUI RENDRE SON HISTOIRE

Chapitre 11 : La première fois que j'ai vu mon père pleurer

Lorsque l'appel arriva pour annoncer la mort de ma tante, je ne compris pas immédiatement ce qui venait de se passer. Mon père avait répondu au téléphone.

Je ne me souviens plus de tous les mots qu'il prononça ni de la durée de la conversation. Je me souviens surtout du silence qui suivit. Il resta immobile.

Puis les larmes commencèrent à couler sur son visage. Je regardai mon père sans comprendre.

C'était la première fois que je le voyais pleurer. J'avais connu sa colère. Sa fatigue. Son inquiétude.

Je l'avais vu partir à la recherche de sa sœur lorsqu'elle disparaissait dans le quartier.

Je l'avais vu revenir de consultations sans la guérison qu'il espérait.

Je l'avais entendu parler avec fermeté lorsque la famille devait prendre une décision. Mais je ne l'avais jamais vu pleurer.

Les adultes, et particulièrement les pères de sa génération, semblaient appartenir à une catégorie de personnes dont la douleur ne passait pas par les larmes. Ils devenaient silencieux. Ils sortaient. Ils cherchaient des solutions. Ils donnaient des instructions.

Mais ils ne pleuraient pas devant leurs enfants. Ce jour-là, mon père pleurait. Je m'approchai de lui.

— Papa, qu'est-ce qui se passe ?

Il leva les yeux vers moi. Son visage avait changé. Pendant quelques secondes, il ne fut plus seulement mon père, l'homme fort auquel toute la famille demandait des réponses.

Il était un grand frère qui venait de perdre sa petite sœur.

— Aline est décédée.

Il prononça son prénom. Pas la malade. Pas la folle. Aline. Puis il se remit à pleurer.

Je demeurai près de lui sans savoir quoi dire. La mort de ma tante ne représentait pas seulement la fin d'une vie. Elle mettait fin à une attente que mon père avait portée pendant des années.

Depuis son retour de France en 1975, il avait cherché à la sauver. Il l'avait conduite chez des tradipraticiens. Auprès de religieux. Chez des prêtres. Chez des médecins.

Il avait accepté des traitements, acheté des produits, financé des déplacements et écouté ceux qui affirmaient connaître l'origine de son état.

Chaque nouvelle démarche avait contenu une promesse :

Peut-être que cette fois, elle reviendra. La guérison n'était jamais arrivée.

Mais tant qu'Aline était vivante, une partie de lui pouvait encore espérer. La mort venait de fermer cette porte.

Mon père perdait sa sœur pour la deuxième fois. La première perte avait commencé lorsque la jeune femme revenue de France avait cessé de reconnaître normalement le monde qui l'entourait.

La maladie lui avait retiré progressivement la sœur qu'il avait connue. La jeune fille enthousiaste. L'étudiante. L'enseignante.

La femme capable de voyager seule entre la France et le Cameroun.

Mais cette première perte n'avait jamais été complète. Aline respirait encore. Elle pouvait parfois reconnaître les siens. Prononcer un mot. Regarder son frère. Occuper une place dans une maison. La mort rendait la séparation définitive.

En voyant mon père pleurer, je compris que toutes les années de fatigue n'avaient pas diminué son amour. Il avait pu se mettre en colère. Se sentir dépassé.

Confier sa sœur à d'autres membres de la famille. Accepter qu'elle quitte notre maison. Mais elle était restée sa petite sœur. La maladie avait changé leur relation. Elle n'avait pas effacé le lien. La nouvelle se répandit dans la famille. Il fallait désormais organiser les obsèques. Prévenir les proches.

Préparer les différents éléments nécessaires à la cérémonie. À cette période, j'avais ouvert une petite bureautique. J'y réalisais notamment des cartes d'invitation et différents travaux de mise en page.

Lorsque la famille dut préparer le programme des obsèques, cette responsabilité me revint.

Je reçus la photographie qui devait y apparaître. Je devais organiser les informations, choisir la disposition des textes et produire les exemplaires qui seraient distribués aux personnes venues accompagner ma tante.

Pour d'autres, il s'agissait peut-être d'un simple travail d'impression. Pour moi, c'était un honneur. Son prénom. Les informations relatives aux obsèques. Les différentes étapes de l'hommage. Je vérifiai les textes. Les alignements. La netteté de l'image.

Je voulais que le document soit digne d'elle. Pendant des années, les personnes avaient regardé ma tante lorsqu'elle marchait dans les rues, les cheveux défaits et les vêtements parfois mal ajustés.

Son image avait circulé dans le quartier sans qu'elle puisse la maîtriser. On l'avait montrée du doigt. Imitée. Commentée.

À présent, c'était moi qui préparais la photographie par laquelle elle serait présentée une dernière fois.

Je ne voulais pas qu'elle soit seulement la folle que les gens avaient connue. Une famille. Une histoire.

Je préparai également les photographies destinées aux véhicules du cortège funèbre.

Dans notre pays, il est courant, lors des obsèques, de placer l'image du défunt sur les portières ou les vitres des voitures qui l'accompagnent. Ces images permettent de reconnaître le cortège.

Elles annoncent qu'une personne est conduite vers son dernier repos.

Ce jour-là, les voitures porteraient le visage d'Aline. La femme qui avait autrefois marché sans destination serait accompagnée par une longue file de personnes connaissant enfin le lieu vers lequel elle allait. Cette pensée me bouleversa. Je manipulais sa photographie avec précaution. Je lançais les impressions. Je vérifiais les couleurs.

Je corrigeais les exemplaires qui ne me semblaient pas suffisamment nets.

Chaque programme terminé ressemblait à une manière de lui rendre quelque chose.

Je n'avais pas pu la protéger des moqueries lorsque j'étais enfant.

J'avais même parfois nié qu'elle appartenait à notre famille. À présent, je préparais le document sur lequel son appartenance serait clairement affirmée. Aline était notre fille. Notre sœur. Notre tante. Elle était des nôtres.

Je repensai à la nuit où elle m'avait frappée. Au matin où j'avais demandé à ma mère pourquoi nous ne la laissions pas dormir dehors.

À la honte ressentie lorsque mes camarades avaient parlé de la folle de notre famille.

Puis je regardai son visage apparaître sur les programmes. La petite fille que j'avais été aurait peut-être voulu cacher cette photographie.

La femme que je devenais souhaitait qu'elle soit belle, visible et digne. Quelque chose avait changé en moi.

Préparer son programme d'obsèques ne supprimait pas mes souvenirs difficiles.

Je n'oubliais ni les coups ni la peur. Je n'effaçais pas ce que ma mère avait supporté.

Je ne transformais pas sa maladie en une histoire paisible.

Mais je pouvais enfin tenir plusieurs vérités ensemble. Aline avait été malade.

Elle avait parfois fait souffrir ceux qui vivaient auprès d'elle. Elle avait exigé des soins épuisants. Et elle demeurait digne d'être honorée.

Lorsque les programmes furent distribués, sa photographie passa de main en main.

Des personnes qui l'avaient connue avant son départ pour la France regardèrent son visage. D'autres ne connaissaient que la femme malade. Certaines se souvenaient de la jeune enseignante.

D'autres de celle qui marchait dans les rues. Chaque personne détenait une partie différente de sa vie.

Le programme les réunissait autour d'un même prénom. Aline. Les images furent placées sur les portières et les vitres des voitures. Son visage accompagna le cortège.

Je pensai à tout ce qu'elle avait traversé pour en arriver là : ses années entre la France et Bafoussam, puis son retour définitif au Cameroun, et ces années passées d'un toit à l'autre — chez son frère, chez l'une puis l'autre de ses sœurs, chez son père au village.

Puis Douala, où elle était morte auprès d'une autre sœur.

Toute sa vie, elle avait été déplacée d'un lieu à l'autre. Cette fois, la famille l'accompagnait.

Personne ne l'envoyait seule vers une nouvelle maison. Je regardai encore mon père.

Ses larmes m'avaient révélé une partie de lui que je ne connaissais pas.

Derrière l'homme qui cherchait des solutions se trouvait un frère blessé. Derrière son obstination se trouvait l'amour.

Derrière chaque consultation, chaque déplacement et chaque traitement, il y avait peut-être cette peur qu'il n'avait jamais exprimée devant nous :

perdre sa petite sœur. La perte venait d'arriver. Il ne pouvait plus la combattre.

Alors, pour la première fois devant moi, il pleura. Je ne sais pas ce que mon père aurait voulu dire à Aline s'il avait pu la retrouver, pendant quelques minutes, telle qu'elle était avant la maladie.

Peut-être lui aurait-il demandé pardon de ne pas avoir compris plus tôt.

Peut-être lui aurait-il raconté tous les endroits où il l'avait conduite pour tenter de la sauver. Peut-être n'aurait-il rien dit.

Il l'aurait simplement regardée comme le grand frère qu'il avait toujours été.

Le jour où je préparai son programme d'obsèques, je ne disposais pas encore de tous les mots nécessaires pour comprendre ce que ce geste représentait. Aujourd'hui, je le sais. Je n'avais pas seulement imprimé un document.

J'avais participé à la restitution de son identité. Pendant des années, la maladie avait parlé plus fort que son prénom.

Sur les programmes, les portières et les vitres des voitures, son visage racontait autre chose :

La folle de notre famille avait un nom. Elle s'appelait Aline. Et elle était aimée.

Chapitre 12 : Le mot qu'on lui avait laissé

Pendant des années, le mot *folle* avait remplacé le prénom de ma tante.

Dans le quartier, certaines personnes ne demandaient pas :

— Où est-elle ?

Elles demandaient :

— Où est la folle ?

Les enfants reprenaient ce qu'ils entendaient chez les adultes. Ils riaient lorsqu'elle passait, imitaient parfois sa manière de parler ou s'éloignaient brusquement comme si son état pouvait se transmettre par un simple contact.

Même dans la famille, le mot finissait par apparaître. Pas toujours avec méchanceté. Parfois par fatigue. Par habitude.

Parce qu'il était plus court d'expliquer qu'elle était folle que de raconter toute son histoire. Mais les mots répétés deviennent des maisons.

À force d'être enfermée dans celui-là, ma tante ne pouvait plus être autre chose. Le mot effaçait la jeune fille. Il effaçait les études en France. Il effaçait l'enseignante.

Il effaçait les voyages à Bafoussam et les projets de mariage. Il effaçait même la maladie.

Car dire qu'une personne est folle ne signifie pas qu'on cherche à comprendre ce dont elle souffre.

Cela peut simplement vouloir dire qu'on a renoncé à la considérer comme quelqu'un dont le comportement possède une cause, une histoire ou une douleur. La folie devenait son caractère. Comme si elle avait toujours été ainsi.

Comme si elle avait choisi de marcher dans les rues, de négliger son corps et de parler seule.

Comme si aucune autre femme n'avait existé avant celle que le quartier observait.

Après sa mort, je commençai à entendre ce mot différemment.

Chaque fois que quelqu'un l'utilisait pour se moquer d'une personne, quelque chose se contractait en moi. Je pensais à ma tante. Je pensais à ma mère.

Je pensais à l'enfant que j'avais été lorsque mes camarades m'avaient demandé si la folie existait dans notre famille. Je voulais parfois intervenir.

Dire que la maladie mentale ne constitue pas une insulte.

Qu'une personne qui parle seule n'a pas perdu son humanité.

Qu'un comportement dérangeant peut cacher une souffrance que personne ne connaît. Mais les mots ne venaient pas toujours.

La honte apprise pendant l'enfance ne disparaît pas simplement parce que l'on devient adulte. Elle change de forme. Elle devient une hésitation. Une voix intérieure qui demande :

Est-ce vraiment ton histoire à raconter ? Pendant longtemps, je me posai cette question. L'histoire appartenait d'abord à ma tante.

Elle ne pouvait plus me donner son autorisation. Elle ne pouvait pas me dire ce qu'elle souhaitait garder secret.

Elle ne pouvait pas corriger notre interprétation de sa souffrance.

Écrire sur elle risquait de l'exposer une fois encore. Mais le silence comportait un autre danger.

Si personne ne racontait qui elle avait été, il ne resterait d'elle que le mot utilisé par le quartier. La folle. Celle qui ne se lavait pas.

Celle qui mettait la main dans les marmites. Celle qui marchait sans destination.

Celle que les différentes maisons ne parvenaient pas à garder.

Je ne voulais pas que ce soit tout. Raconter avec dignité exigeait donc de ne pas inventer ce que nous ne savions pas.

Nous connaissions l'événement qui avait précédé son effondrement. Nous savions qu'elle avait appris le mariage de son fiancé.

Nous savions que son comportement avait changé en France. Que, selon ce témoignage, elle avait reçu un traitement médicamenteux.

Que, selon le témoignage reçu, son état avait paru temporairement plus stable sous traitement.

Mais nous ne pouvions pas poser avec certitude, plusieurs décennies plus tard, un diagnostic médical précis.

Nous ne pouvions pas affirmer que la trahison amoureuse expliquait, à elle seule, toute la maladie. Elle avait pu être un déclencheur. Un facteur aggravant. La fracture visible d'une fragilité déjà présente.

Nous ne pouvions pas davantage savoir ce qu'un suivi régulier aurait changé.

Peut-être aurait-elle retrouvé une partie de son autonomie. Peut-être que la maladie aurait tout de même évolué. L'honnêteté consistait à accepter ces zones d'ombre.

Dans notre famille, la découverte de son histoire transforma progressivement notre regard, mais elle ne fit pas disparaître toutes les croyances.

Certains continuaient à penser qu'un acte mystique avait pu se mêler à la maladie.

Pour eux, l'explication médicale n'annulait pas nécessairement l'explication spirituelle. D'autres regrettaient que la psychiatrie soit intervenue si tard. Quelques-uns préféraient ne plus parler du passé.

Chaque personne protégeait sa propre conscience comme elle le pouvait.

Reconnaître que nous avions peut-être cherché pendant des années dans la mauvaise direction obligeait à regarder des décisions prises avec conviction. Les bains. Les purges. Les déplacements. Les prières. Les personnes soupçonnées. L'argent dépensé. Les traitements interrompus.

Personne ne voulait se considérer comme responsable de la vie perdue.

Et pourtant, tout le monde se demandait ce qui aurait pu être fait autrement. Je ne voulais pas juger mon père.

Il avait agi avec les connaissances, les croyances et les ressources dont il disposait.

Lorsqu'on lui disait qu'une personne pouvait guérir sa sœur, il l'y conduisait.

Lorsqu'on lui prescrivait un traitement, il le rapportait. Lorsqu'un médecin proposait une autre approche, il essayait encore.

Son erreur n'avait pas été de ne pas aimer sa sœur.

Il l'avait peut-être aimée au point de refuser trop longtemps l'idée qu'elle puisse rester malade.

Chaque nouvelle solution lui permettait de poursuivre l'espoir de retrouver la jeune femme partie en France.

Il ne pouvait pas savoir que certains combats ne se gagnent pas par une guérison complète.

Ils se gagnent parfois en construisant une vie stable autour de la maladie.

Je ne voulais pas davantage condamner ses sœurs. Elles avaient mal interprété la scène de la vaisselle.

Elles avaient accusé ma mère sans mesurer ce qu'elle accomplissait.

Mais elles n'étaient pas venues dans notre maison avec le désir de nuire.

Elles avaient vu leur sœur vulnérable accomplir une tâche domestique pendant que des enfants jouaient. Elles avaient cru la défendre.

Leur faute avait été de juger un instant sans examiner tout ce qui l'entourait. Puis la réalité les avait rejointes. Elles avaient accueilli leur sœur. Découvert ses besoins. Atteint leurs propres limites. Et cherché une autre solution.

Elles aussi avaient vécu les conséquences de la maladie. La personne que je comprenais le mieux en devenant adulte était ma mère.

Elle avait accepté une responsabilité qui ne lui avait jamais été officiellement confiée. Personne ne lui avait demandé :

— Es-tu prête à consacrer une partie de ta vie aux soins de cette femme ?

Elle était entrée dans la maison de mon père et avait trouvé sa sœur malade. Puis elle avait fait ce qu'il fallait. Pas toujours parfaitement. Pas sans colère. Pas sans fatigue.

Mais avec une constance que peu de personnes avaient reconnue.

Elle avait compris avant nous tous qu'une personne malade ne doit pas être abandonnée pour les comportements produits par sa maladie.

C'est elle qui m'avait enseigné cette vérité après la nuit où ma tante m'avait frappée.

À l'époque, je croyais que ma mère me demandait seulement de pardonner.

En réalité, elle m'apprenait à distinguer une personne de ses actes lorsque sa capacité de choisir est altérée. Elle ne niait pas ma douleur. Elle ne m'avait pas dit :

— Ce n'est rien.

Elle avait reconnu que j'avais été frappée et que j'avais le droit d'avoir peur.

Puis elle avait ajouté une vérité plus grande que ma colère :

— Si elle était en bonne santé, elle serait chez elle.

Cette phrase ne justifiait pas tout. Elle expliquait. Et parfois, comprendre ne supprime pas la blessure, mais empêche la blessure de devenir de la haine.

Je repensai aux camarades qui avaient cherché en moi les signes de la maladie de ma tante.

Pendant des années, j'avais surveillé mes propres comportements. Si je restais seule, je m'inquiétais.

Si je parlais à voix haute en réfléchissant, je me corrigeais.

Si une émotion devenait trop forte, je me demandais si quelque chose commençait à se dérégler dans mon esprit. La maladie avait touché ma tante.

La peur de la maladie, elle, avait touché toute la famille.

Dans notre famille, la peur d'une transmission héréditaire s'était installée sans qu'aucun diagnostic ne permette une telle conclusion. Par les regards. Les plaisanteries. Les avertissements. Les silences.

Il me fallut du temps pour comprendre qu'avoir besoin de solitude ne faisait pas de moi une femme malade.

Que parler seule de temps en temps ne signifiait pas que je perdais contact avec la réalité.

Que demander de l'aide psychologique ne constituait pas l'aveu d'une folie héréditaire.

Et surtout, que si un jour je rencontrais une difficulté mentale, la honte ne devait pas m'empêcher de chercher des soins.

Cette dernière compréhension fut peut-être l'un des héritages les plus importants de ma tante.

Sa famille avait perdu près de vingt ans avant de connaître l'histoire médicale qui aurait pu orienter autrement sa prise en charge.

Je ne voulais pas que le silence produise encore la même perte.

Lorsque je décidai enfin de raconter son histoire, une certitude s'imposa à moi : son prénom devait apparaître dès le titre. Elle s'appelait Aline Béatrice.

Ces mots étaient simples. Pourtant, ils portaient tout ce que je souhaitais accomplir à travers ce livre.

Pendant trop longtemps, son prénom avait disparu derrière un autre mot. On disait :

La folle. La sœur revenue malade de France. La femme qui parlait seule. La femme qui refusait de se laver. La femme qui errait dans les rues.

À force de la désigner par son état, nous avions presque oublié qu'elle avait été une personne avant de devenir, aux yeux des autres, un ensemble de comportements difficiles à comprendre. Elle s'appelait Aline Béatrice.

Avant les cheveux défaits, elle avait eu un visage dont elle prenait soin.

Avant les conversations incohérentes, elle avait eu une voix qui enseignait.

Avant les longues marches sans destination, elle avait traversé la mer avec un projet.

Avant de dépendre des autres, elle avait étudié, travaillé et construit son avenir en France.

Avant que l'on ne parle de sa folie, elle avait été une jeune femme enthousiaste. Une enseignante. Une amoureuse. Une migrante pleine d'espérance. Une sœur. Une fille.

Une femme qui croyait encore que la vie qu'elle avait imaginée l'attendait.

Le lecteur n'entrerait donc pas dans ce livre pour observer une femme que l'on disait folle. Il entrerait pour rencontrer Aline Béatrice. Il découvrirait la femme derrière la maladie.

Il comprendrait peut-être que les troubles mentaux ne bouleversent pas seulement l'existence d'une personne. Ils peuvent aussi recouvrir son identité, jusqu'à faire oublier à son entourage qu'une histoire existait avant les symptômes.

Je ne pouvais pas rendre à Maman Aline la France.

Je ne pouvais pas lui rendre son métier, ses élèves, ses projets ni les années durant lesquelles elle avait dépendu des autres.

Je ne pouvais pas réparer la trahison qu'elle avait vécue.

Je ne pouvais pas déterminer avec certitude ce qui s'était produit dans son esprit ni affirmer ce qu'une prise en charge différente aurait changé à son destin.

Je ne pouvais pas non plus lui rendre toutes les années passées de maison en maison après qu'elle eut perdu la capacité de raconter elle-même ce qui lui était arrivé.

Mais je pouvais encore lui rendre quelque chose que la maladie et le regard des autres avaient progressivement effacé :

Son nom. Son histoire. Son humanité. Je pouvais rappeler qu'elle avait eu un visage avant les cheveux défaits. Une voix avant les paroles désordonnées. Un métier avant la dépendance. Des projets avant l'effondrement.

Une dignité que la maladie n'avait jamais eu le droit de lui retirer.

Elle n'avait pas été seulement la femme qui riait seule, mettait la main dans les marmites ou parcourait les rues sans expliquer où elle allait. Elle avait été notre Maman Aline. Elle avait été Aline Béatrice.

Et si je racontais aujourd'hui son histoire, ce n'était pas pour que le lecteur referme ce livre en pensant avoir découvert « la folle » de notre famille.

C'était pour qu'il se souvienne de la femme que ce mot avait trop longtemps empêché de voir. Elle s'appelait Aline Béatrice.

Chapitre 13 : Ceux qui vivaient autour d'elle

La maladie de ma tante appartenait à son corps et à son esprit.

Mais ses conséquences ne s'arrêtaient pas à elle. Elles traversaient les portes. Entraient dans les chambres. S'asseyaient à table. Accompagnaient les enfants à l'école. S'installaient dans le mariage de mes parents.

Et suivaient chaque membre de la famille bien après que Maman Aline eut quitté notre maison.

Pendant longtemps, nous n'avons pas compris que nous avions, nous aussi, besoin de parler.

Dans notre enfance, tout était organisé autour de l'urgence. Lorsque ma tante disparaissait, il fallait la chercher.

Lorsqu'elle refusait de se laver, il fallait la convaincre. Lorsqu'elle devenait agitée, il fallait éloigner les plus jeunes.

Lorsqu'elle mettait la main dans une marmite, il fallait sauver le repas ou trouver autre chose à manger.

Il n'existait aucun moment prévu pour demander aux enfants :

— Comment vivez-vous cette situation ?

Nous étions nourris. Habillés. Envoyés à l'école. Protégés autant que possible. Les adultes considéraient probablement que cela suffisait. Ils avaient déjà trop à faire.

Nous apprîmes donc à garder certaines émotions pour nous. La peur, parce qu'elle pouvait être interprétée comme un manque de compassion.

La colère, parce que ma tante était malade. La honte, parce qu'il était honteux d'avoir honte d'un membre de sa famille.

Le soulagement, parce qu'il paraissait cruel de respirer plus librement lorsqu'elle n'était pas là. Chaque sentiment en provoquait un autre. J'avais peur d'elle. Puis je culpabilisais. Je lui en voulais.

Puis je me rappelais qu'elle ne contrôlait pas toujours ses actes. Je souhaitais qu'elle parte.

Puis j'imaginais ce qui pourrait lui arriver si personne ne la gardait.

Nous étions des enfants obligés de porter des raisonnements d'adultes. La vigilance devint une habitude.

Même lorsque je jouais, une partie de moi demeurait attentive. Un bruit inhabituel dans la maison. La voix de ma tante qui montait. Le portail qui grinçait. Un silence trop prolongé.

Je savais qu'à tout moment, un adulte pouvait crier :

— Où est-elle ?

Alors le jeu s'arrêtait. Nous regardions dans la cour. Dans les chambres. Près de la cuisine. Puis dans le quartier.

Cette manière de vivre peut demeurer dans le corps bien après la disparition du danger.

On grandit, mais on continue à écouter les bruits. À surveiller les changements d'humeur. À anticiper les crises.

À chercher ce qui pourrait mal tourner alors que tout semble calme.

Plus tard, je compris que certains de mes comportements d'adulte avaient peut-être été façonnés par cette enfance.

Mon besoin de savoir où se trouvent les personnes dont je suis responsable.

Ma difficulté à me détendre complètement lorsque quelqu'un va mal.

La tendance à observer les visages et à détecter rapidement les changements d'humeur.

La culpabilité ressentie lorsque je choisis mon repos plutôt que les besoins d'un autre.

Je ne pouvais pas attribuer chaque aspect de ma personnalité à ma tante.

Mais vivre auprès d'une personne imprévisible m'avait appris que la tranquillité peut disparaître sans avertissement.

Mes frères et sœurs ne vécurent pas nécessairement la situation comme moi.

Dans une même maison, les enfants ne traversent jamais exactement la même enfance. L'un pouvait se tenir à distance. Un autre éprouver davantage de tendresse.

L'un se mettait en colère lorsqu'elle perturbait un repas. Un autre riait de certains comportements avant d'être rappelé à l'ordre.

Les plus petits ne comprenaient pas toujours pourquoi il ne fallait pas la provoquer. Les plus grands recevaient davantage de responsabilités.

Mais chacun savait qu'il existait dans notre famille une réalité que les autres enfants n'avaient pas chez eux.

La maladie modifia aussi notre relation avec notre mère. Nous savions qu'elle était occupée.

Nous voyions qu'elle devait parfois interrompre ce qu'elle faisait pour s'occuper de sa belle-sœur.

Mais un enfant ne calcule pas les sacrifices avec la logique d'un adulte.

Il voit surtout la part d'attention qui ne lui revient pas.

Lorsque j'avais besoin que ma mère m'écoute et qu'elle devait d'abord laver ma tante, je pouvais ressentir une injustice.

Lorsqu'un repas était compromis, je ne pensais pas immédiatement à la maladie. Je pensais à ma faim.

Lorsque ma mère nous demandait de surveiller le portail, je pensais aux autres enfants qui continuaient à jouer.

Puis je regardais son visage fatigué et je me taisais.

Nous apprîmes très tôt que certaines demandes ne seraient pas prioritaires. Ma tante ne pouvait pas attendre.

Un enfant qui voulait raconter sa journée pouvait attendre. Une femme qui risquait de sortir à moitié vêtue ne le pouvait pas. Un cahier égaré pouvait attendre.

Une marmite dans laquelle elle s'apprêtait à plonger la main ne le pouvait pas.

Les urgences de la maladie passaient avant les petites urgences de l'enfance. Ce choix était parfois nécessaire. Mais il laissait des traces.

La présence de ma tante affecta également notre rapport à la maison.

Une maison devrait être le lieu où un enfant cesse de surveiller le regard des autres.

Pour nous, elle était aussi l'endroit où les voisins pouvaient apercevoir ce que nous aurions voulu cacher.

Si ma tante sortait mal vêtue, tout le quartier le savait.

Si elle parlait seule devant la maison, les enfants observaient.

Si elle marchait trop loin, quelqu'un venait nous prévenir. Notre intimité familiale circulait dans les rues avec elle.

Nous n'avions aucun contrôle sur ce que les autres voyaient ni sur la manière dont ils le racontaient. À l'école, la honte changeait de forme.

Je ne pouvais pas expliquer toute l'histoire à mes camarades.

Je ne connaissais même pas encore la vérité sur la France.

Je savais seulement qu'une femme malade vivait chez nous et que son comportement faisait rire.

Lorsque les autres m'interrogeaient, je devais choisir entre mentir et exposer ma famille. J'ai menti. Puis je me suis sentie coupable. Plus tard, j'ai dit la vérité.

Puis j'ai eu peur qu'on me considère comme malade moi aussi.

La maladie de ma tante avait fait de notre famille un sujet de conversation.

Et nous ne possédions pas encore les mots pour répondre. Mon père portait une autre conséquence.

Il devait protéger sa sœur tout en préservant son foyer.

Chaque somme dépensée pour une consultation était une somme qui ne servait pas à autre chose. Chaque déplacement prenait du temps. Chaque nouvelle solution créait des attentes.

Il était à la fois frère, responsable familial, époux et père.

Ces rôles ne demandaient pas toujours la même chose. Comme frère, il refusait d'abandonner sa sœur.

Comme époux, il devait voir la fatigue de ma mère. Comme père, il devait protéger ses enfants.

Il n'existait aucune décision capable de satisfaire parfaitement tout le monde.

Je me demande combien de fois il s'était couché avec la sensation d'avoir échoué. Lorsqu'un traitement ne fonctionnait pas. Lorsqu'une prière n'apportait pas la guérison.

Lorsque sa sœur disparaissait encore dans le quartier. Lorsque ma mère perdait patience.

Lorsque l'un de nous refusait de dormir avec elle. Le frère aîné est souvent celui auquel on demande des solutions.

On lui demande moins souvent s'il a peur. Les sœurs de ma tante portèrent, elles aussi, les conséquences de sa maladie. Avant de l'accueillir, elles pouvaient juger. Après l'avoir accueillie, elles durent agir. Elles découvrirent les soins intimes. Les refus. Les odeurs. Les nuits. Les contraintes.

Puis la culpabilité de reconnaître qu'elles ne pouvaient plus continuer.

Confier leur sœur à une autre maison ne signifiait pas nécessairement qu'elles ne l'aimaient plus.

Cela pouvait simplement signifier que leurs forces étaient épuisées. Mais dans les familles, on admet difficilement ses limites.

On préfère parfois expliquer qu'un autre environnement conviendra mieux à la malade plutôt que de dire :

— Je n'en peux plus.

Personne n'avait appris à notre famille que l'épuisement des proches constitue lui aussi une réalité sérieuse. On parlait de la malade. De ses symptômes. De sa guérison. Des personnes capables de l'aider.

On parlait rarement de ceux qui vivaient auprès d'elle. Qui aiderait ma mère à se reposer ? Qui écouterait mon père? Qui expliquerait la maladie aux enfants ?

Qui accompagnerait les sœurs lorsqu'elles atteindraient leurs limites ? Qui organiserait un partage équitable des responsabilités? Ces questions n'étaient posées par personne. Alors les maisons se relayaient jusqu'à l'épuisement.

Il ne faut pas attendre qu'une famille devienne parfaite pour reconnaître ses efforts. La nôtre a commis des erreurs.

Elle a poursuivi pendant longtemps des explications qui n'étaient peut-être pas les bonnes.

Elle a déplacé ma tante d'un foyer à l'autre. Elle a jugé ma mère trop rapidement.

Elle n'a pas toujours assuré la continuité de ses soins.

Mais elle n'a pas complètement abandonné cette femme dans la rue. Chaque maison a essayé, selon ses moyens. Chaque personne a donné quelque chose. Du temps. De l'argent. Une chambre. Des soins. De la patience. Puis, parfois, ses dernières forces.

La grande erreur fut de croire que l'amour familial suffirait. L'amour ne remplace pas un traitement.

Il ne donne pas automatiquement les compétences nécessaires pour accompagner une maladie psychiatrique grave. Il ne protège pas de l'épuisement.

Il n'efface pas les conséquences sur les enfants. Il ne garantit pas que la personne malade sera toujours en sécurité. L'amour est indispensable. Mais il a besoin de soutien. D'information. De relais. De soins accessibles.

Et du droit, pour les proches, de dire qu'ils sont fatigués sans être accusés d'abandon.

Si notre famille avait reçu cet accompagnement, certaines choses auraient peut-être été différentes.

Ma mère aurait pu prendre quelques jours de repos. Les enfants auraient pu parler de leur peur.

Mon père aurait partagé la responsabilité avec des personnes formées.

Les sœurs auraient compris, avant de condamner, ce que signifie prendre soin d'une adulte dépendante.

Ma tante aurait peut-être bénéficié d'un environnement plus stable. Je ne peux pas affirmer qu'elle aurait guéri.

Mais elle aurait peut-être moins voyagé d'une maison à l'autre.

Et nous aurions peut-être grandi avec moins de honte. C'est pour cela que son histoire ne concerne pas uniquement les personnes malades. Elle concerne les familles qui les accompagnent. Les femmes qui donnent les bains. Les hommes qui cherchent des solutions. Les enfants qui dorment avec la peur.

Les frères et sœurs qui promettent d'aider, puis découvrent leurs limites. Les voisins qui observent. Les camarades qui se moquent.

Et les sociétés qui laissent les familles gérer seules ce qu'elles ne comprennent pas. Ma tante portait la maladie. Mais nous vivions tous dans son ombre.

Il me fallut des années pour accepter que parler de notre souffrance ne retirait rien à la sienne.

Dire que j'avais eu peur ne faisait pas de moi une mauvaise nièce.

Reconnaître l'épuisement de ma mère ne transformait pas ma tante en coupable.

Admettre les limites de ses sœurs ne signifiait pas qu'elles ne l'aimaient pas.

Plusieurs douleurs pouvaient exister dans la même histoire. Et chacune méritait d'être entendue.

C'est seulement en comprenant cela que je pus enfin raconter ma tante sans la condamner et raconter notre famille sans la présenter comme héroïque. Nous étions des êtres humains. Elle aussi.

Nous avions tous été touchés par une maladie qu'aucun de nous n'avait choisie.

Chapitre 14 : Ce que ma mère avait compris

Pendant longtemps, j'ai cru que la personne la plus forte de cette histoire était mon père.

Il avait conduit sa sœur chez les tradipraticiens, les religieux et les médecins. Il avait dépensé son argent, parcouru des routes et refusé de renoncer à sa guérison. Son engagement était visible. On savait qu'il cherchait des solutions. On le voyait partir avec elle. On l'entendait demander conseil. Ma mère, elle, restait à la maison.

Et c'est précisément pour cette raison qu'une grande partie de ce qu'elle accomplissait demeurait invisible. Mon père cherchait à guérir sa sœur.

Ma mère lui permettait de vivre chaque journée. Elle préparait son repas. L'aidait à se laver. Surveillait ses vêtements. S'occupait de ses cheveux. Nettoyait son corps pendant ses menstruations. Administrait les traitements rapportés à la maison.

Lorsqu'un tradipraticien prescrivait une purge, ce n'était pas lui qui devait supplier ma tante de se dévêtir et de se pencher. C'était ma mère.

Ce n'était pas lui qui nettoyait ensuite les vêtements, le sol ou les draps. C'était encore elle.

Le traitement portait le nom de celui qui l'avait prescrit.

Le soin, lui, ne portait le nom de personne. En grandissant, j'ai compris que beaucoup de familles fonctionnent ainsi.

Lorsqu'un proche tombe malade, les décisions sont discutées collectivement. On choisit un médecin. On cherche de l'argent. On recommande un traitement. On organise une prière.

Mais lorsqu'il faut accomplir les gestes quotidiens, la responsabilité finit souvent entre les mains d'une femme. Une épouse. Une mère. Une sœur. Une fille. Une belle-sœur.

Elle devient celle qui connaît les heures des médicaments, les aliments refusés, les nuits agitées et les signes qui annoncent une crise. Elle apprend sans formation. Elle travaille sans salaire.

Et lorsqu'elle perd patience, on oublie tout ce qu'elle a déjà supporté.

Ma mère avait trouvé ma tante dans la vie de mon père.

Elle n'avait pas accepté un mariage en échange de la responsabilité de soigner une adulte malade.

Personne ne lui avait présenté la situation en disant :

— Si tu entres dans cette famille, tu devras laver ma sœur, l'habiller, lui administrer ses traitements et parfois protéger tes enfants de ses réactions.

Elle était simplement entrée dans la maison. Ma tante était là.

Alors elle avait commencé à prendre soin d'elle. Il aurait été facile de présenter ce choix comme une preuve naturelle de bonté.

Mais les soins répétés ne reposent pas uniquement sur un bon cœur. Ils exigent du temps. De la force physique.

Une capacité à supporter les odeurs, les refus et les gestes imprévisibles.

Ils exigent aussi de renoncer régulièrement à soi. Chaque minute consacrée à ma tante était prise quelque part. Sur le repos de ma mère. Sur ses propres projets. Sur le temps accordé à ses enfants. Sur son couple. Sur son sommeil. Personne ne comptabilisait ces heures.

Elles disparaissaient dans les journées comme si elles n'avaient jamais existé.

Je me souviens encore de la réponse qu'elle m'avait donnée après la nuit où ma tante m'avait frappée. Cette phrase était simple.

Elle contenait pourtant une compréhension que beaucoup d'adultes autour de nous ne possédaient pas encore.

Ma mère distinguait la femme de la maladie. Elle savait que les comportements difficiles n'exprimaient pas nécessairement la volonté de ma tante. Elle ne niait pas les coups.

Elle ne prétendait pas que tout était acceptable. Mais elle refusait de transformer une malade en mauvaise personne.

Cette compréhension ne l'empêchait pas de se protéger lorsque cela devenait nécessaire. Elle savait éloigner les enfants. Insister pour que le portail reste fermé. Retirer un objet dangereux.

Appeler mon père lorsque la situation la dépassait. La compassion n'exigeait pas de laisser la maladie détruire toute la maison.

Elle demandait de protéger la personne malade sans oublier complètement les autres.

Ma mère avançait sur cette ligne étroite sans disposer de mots pour l'expliquer.

Je pense souvent à l'épisode de la vaisselle. La famille avait interprété cette tâche comme une humiliation.

Pourtant, demander à ma tante de laver quelques assiettes pouvait aussi signifier qu'on refusait de la considérer comme entièrement inutile. Elle avait été enseignante. Elle avait travaillé.

Elle avait organisé des activités pour des enfants. Lui confier une tâche simple, adaptée et supervisée, pouvait lui permettre de retrouver un geste connu. Une place. Une forme de participation. Le spécialiste l'avait compris. Ma mère aussi.

Mais les personnes qui arrivèrent ce jour-là ne virent qu'une femme malade devant une bassine.

Je ne sais pas si ma mère a pardonné l'accusation. Certaines blessures ne sont pas discutées.

Elles s'installent dans les relations familiales et changent la manière dont les personnes se regardent. On continue à se saluer. À assister aux cérémonies. À partager certaines nouvelles. Mais quelque chose demeure.

Ma mère n'avait pas seulement été mal comprise. Elle avait été jugée par celles qui n'avaient pas encore accompli les gestes qu'elles lui reprochaient de déléguer.

Puis, lorsque ces mêmes femmes découvrirent la réalité des soins, aucune ne revint reconnaître son erreur.

Avec le recul, je comprends que ma mère aurait pu devenir amère.

Elle aurait pu se réjouir lorsque les autres maisons atteignirent leurs limites. Elle aurait pu dire :

— Maintenant, vous voyez.

Peut-être l'a-t-elle pensé. Elle en aurait eu le droit. Mais elle continua à demander des nouvelles de sa belle-sœur. Elle voulait savoir si elle mangeait. Si elle se lavait. Si elle prenait ses médicaments.

La blessure provoquée par la famille n'avait pas supprimé son inquiétude pour la malade.

C'est peut-être cela, la forme la plus difficile de la compassion :

continuer à se soucier d'une personne lorsque ceux qui prétendaient la défendre vous ont écartée de sa vie.

Il m'a fallu devenir adulte pour comprendre que ma mère avait également été victime du manque d'accompagnement.

On lui demandait de prendre soin de ma tante, mais personne ne prenait soin d'elle. Elle ne bénéficiait d'aucun soutien psychologique. D'aucune formation. D'aucun temps de répit organisé.

Lorsqu'elle était dépassée, elle devait tout de même continuer. Lorsqu'elle avait peur, elle devait rassurer les enfants.

Lorsqu'elle était en colère, elle devait se rappeler que sa belle-sœur était malade.

Le droit à l'épuisement ne lui était pas reconnu. Aujourd'hui, lorsque j'entends parler des proches aidants, je pense à elle.

Je pense à toutes ces femmes dont les gestes ne figurent dans aucun dossier médical. Le médecin écrit le nom du patient. Il note les symptômes. Il prescrit un traitement. Fixe un prochain rendez-vous.

Mais il existe souvent, hors du dossier, une personne qui s'assure que les médicaments sont réellement pris. Qui nettoie les effets secondaires. Qui répond aux crises. Qui renonce à sortir. Qui dort d'un œil. Qui supporte les reproches.

Cette personne fait partie du traitement, même si son nom n'est écrit nulle part.

Raconter l'histoire de ma tante sans raconter ma mère aurait donc été une injustice.

La maladie avait pris la vie de l'une. Elle avait également occupé une partie considérable de la vie de l'autre. Ma tante avait perdu son autonomie.

Ma mère avait perdu une part de sa liberté. Ma tante dépendait d'elle.

Ma mère dépendait du silence, de la patience et de sa propre capacité à tenir. Elles n'étaient pas égales devant la souffrance.

Mais elles étaient toutes les deux enfermées dans une situation qu'elles n'avaient pas choisie.

Je ne veux pas remercier ma mère comme on remercie une femme d'avoir supporté l'insupportable parce que cela aurait été son devoir. Je veux reconnaître ce qu'elle a fait. La différence est importante. Remercier peut parfois fermer la discussion :

— Tu as été courageuse. Que Dieu te bénisse.

Reconnaître oblige à regarder le prix. À nommer le travail.

À admettre qu'elle aurait dû recevoir de l'aide. À comprendre que sa fatigue n'était pas un manque d'amour.

Ma mère m'a appris que l'on peut aimer une personne et souhaiter parfois s'éloigner de ses comportements.

Que l'on peut servir sans être toujours souriante. Que perdre patience n'efface pas toutes les années de patience précédentes.

Que la maladie explique certains actes sans supprimer la nécessité de protéger ceux qui les subissent.

Et qu'une personne dépendante conserve sa dignité, même lorsqu'il faut la laver comme un enfant.

Si je devais résumer tout ce qu'elle m'a enseigné, je reviendrais encore à cette phrase :

Ma tante n'avait pas choisi de vivre auprès de nous.

Ma mère n'avait pas choisi de devenir son aidante. Mais puisqu'elles s'étaient retrouvées sous le même toit, l'une dépendante et l'autre responsable, ma mère avait décidé de ne pas l'abandonner.

Donc, lorsque je repense à cette histoire, je ne vois plus seulement la folle de ma famille. Je vois deux femmes.

L'une dont la maladie avait emporté la vie. Et l'autre qui avait consacré une partie de la sienne à empêcher qu'elle perde également toute dignité.

Chapitre 15 : La femme de la photographie

J'ai longtemps conservé la photographie de ma tante entre les pages d'un cahier.

Avec le temps, les bords se sont abîmés. Le papier s'est courbé.

L'image a perdu une partie de sa netteté. Mais la jeune femme qui s'y tenait debout n'a jamais complètement disparu.

Chaque fois que je regardais cette photographie, je ressentais la même difficulté à réunir les deux femmes. Celle de l'image. Et celle de mon enfance.

Sur la photographie, ses cheveux étaient soigneusement coiffés. Sa robe était ajustée.

Son regard portait une assurance que je ne lui avais jamais connue. Elle semblait savoir où elle allait.

La tante qui vivait chez nous marchait souvent sans destination.

Elle pouvait sortir de la maison sans prévenir, suivre une route et oublier le temps. Il fallait la chercher. La ramener. Refermer le portail.

Sur la photographie, personne ne semblait avoir besoin de la surveiller.

J'ai parfois essayé d'imaginer la journée durant laquelle cette image avait été prise. S'était-elle préparée longuement?

Quelqu'un lui avait-il dit de se tenir plus droite ?

Avait-elle envoyé la photographie à sa famille depuis la France ? Était-elle déjà maîtresse d'école ? Son fiancé l'avait-il vue ? Je ne possédais aucune réponse.

Mais ces questions m'aidaient à faire exister une période de sa vie que la maladie avait presque entièrement effacée.

Dans mes souvenirs d'enfant, son corps appartenait toujours aux soins des autres.

Sur la photographie, son corps lui appartenait encore. Elle avait choisi sa tenue. Sa coiffure. Sa posture.

Peut-être même le moment où elle souhaitait être photographiée. Cette autonomie ordinaire me bouleversait davantage que toutes les grandes tragédies.

La maladie ne lui avait pas seulement pris un métier et un projet de mariage.

Elle lui avait retiré le droit de décider des gestes les plus simples.

Je me suis souvent demandé si elle se souvenait encore de cette jeune femme.

Lorsqu'elle refusait de se laver, savait-elle qu'elle avait autrefois aimé se présenter avec soin ?

Lorsqu'on lui choisissait une robe, se rappelait-elle les vêtements qu'elle portait en France ?

Lorsqu'elle passait devant une école, reconnaissait-elle quelque chose de son ancien métier ? Peut-être que certaines images revenaient par fragments. Une salle de classe. Des dessins accrochés au mur. Les voix des enfants. Un hiver français. Un avion. Une rue de Bafoussam. Le visage d'un homme. Puis tout se mélangeait.

Il m'arrivait d'éprouver de la colère contre cet homme que je n'avais jamais rencontré.

Il avait reçu, sans toujours le mériter, la fidélité d'une femme prête à traverser un continent pour lui.

Pendant qu'elle étudiait et travaillait en pensant à leur avenir, il avait choisi une autre épouse.

Il ne lui avait même pas offert la dignité d'une vérité annoncée par lui-même.

Une connaissance avait dû lui apprendre son mariage. Je voulais parfois lui demander :

— Savais-tu ce qu'elle était devenue ?

Je voulais qu'il voie la photographie. Puis qu'il voie la femme qu'il fallait supplier de se laver.

Je voulais qu'il mesure la distance entre les deux. Mais attribuer toute la vie de ma tante à la trahison d'un homme aurait constitué une autre manière de lui retirer son histoire. Elle avait existé avant lui.

Elle avait étudié grâce à ses propres efforts. Elle avait travaillé. Elle avait construit une vie en France.

Sa valeur ne provenait pas de la promesse qu'il lui avait faite.

Et même si son mariage avait précédé son effondrement, nous ne pouvions pas affirmer qu'il expliquait seul toutes les décennies de maladie. L'histoire humaine est rarement aussi simple. Un événement peut briser une digue.

Il n'a pas nécessairement créé toute l'eau retenue derrière elle.

Je dus donc apprendre à renoncer aux explications parfaites. La famille avait cherché un coupable mystique.

Puis, après la révélation venue de France, il aurait été facile de faire du fiancé l'unique responsable.

Dans les deux cas, nous aurions obtenu un visage sur lequel déposer toute notre colère.

Mais la maladie ne nous offrait pas cette simplicité. Elle était faite de ce que nous savions et de ce que nous ne saurions jamais. Une trahison. Une première dépression. Une possible fragilité. Une continuité de traitement incertaine. Un retour sans transmission médicale suffisante. Des années de soins irréguliers. Des changements de maison.

Et peut-être d'autres éléments dont personne n'avait gardé la trace. La photographie ne donnait aucune explication. Elle posait seulement une vérité.

Ma tante avait été autre chose que sa maladie. Cela suffisait.

Pendant longtemps, j'avais cru que préserver sa dignité signifiait cacher les aspects les plus difficiles de sa vie.

Ne pas raconter qu'elle refusait de se laver. Ne pas parler des menstruations. Des purges. Des marmites. Des coups. Je craignais que ces détails ne l'humilient.

Puis je compris qu'ils appartenaient aussi à l'histoire des personnes qui avaient pris soin d'elle. Les supprimer aurait rendu leur travail invisible.

La dignité ne consiste pas à fabriquer une malade facile à aimer.

Elle consiste à raconter la réalité sans la réduire à cette réalité.

Oui, elle pouvait sentir mauvais lorsqu'elle refusait de se laver. Mais elle n'était pas une odeur. Oui, elle pouvait frapper. Mais elle n'était pas un coup.

Oui, elle pouvait mettre la main dans la nourriture. Mais elle n'était pas une marmite renversée. Elle demeurait la femme de la photographie.

Même lorsque personne ne parvenait plus à la voir. Je me suis demandé ce que j'aurais fait si j'avais pu la rencontrer avant la maladie.

Aurais-je reconnu quelque chose de la tante de mon enfance ? M'aurait-elle raconté ses élèves ? M'aurait-elle parlé de la France ?

Aurait-elle ri en apprenant qu'un jour, je dormirais près d'elle ?

Je crois que j'aurais surtout voulu lui dire de ne pas bâtir tout son avenir autour d'une promesse.

Mais cette pensée appartient à la femme que je suis devenue.

La jeune femme de l'époque avait le droit d'aimer. Elle avait le droit de croire un homme qui lui promettait le mariage. Sa confiance n'était pas une faute.

La trahison appartenait à celui qui avait choisi de mentir.

À mesure que les années passaient, la photographie cessa d'être seulement la preuve de ce que la maladie lui avait pris. Elle devint aussi une invitation.

Lorsque je rencontrais une personne dont le comportement me dérangeait, j'essayais de me demander :

Quelle photographie existe d'elle avant ce moment ? Qui était-elle avant la rue ? Avant la dépendance ? Avant les paroles incohérentes ?

Avant que tout le monde commence à la désigner par ce qui n'allait plus ? Cette question ne résout pas les difficultés.

Elle ne supprime pas la nécessité de poser des limites ou d'assurer la sécurité des autres.

Mais elle empêche le regard de s'arrêter au symptôme. Ma tante m'a appris cela sans jamais pouvoir me l'enseigner volontairement.

Derrière chaque personne que nous résumons à un comportement se trouve une histoire. Un enfant. Des projets. Des relations. Un métier peut-être. Une promesse. Une photographie que quelqu'un conserve. Nous ne connaissons pas toujours cette histoire.

Mais son absence dans notre connaissance ne signifie pas qu'elle n'existe pas.

Un jour, je sortis la photographie de mon cahier et la posai devant moi. Je regardai longuement son visage. Puis je lui parlai.

Pas comme elle parlait autrefois aux personnes que nous ne voyions pas. Je savais qu'elle ne pouvait pas m'entendre.

Je parlais pour la petite fille que j'avais été. Pour la femme qu'elle avait été.

Et pour tous les mots que nous n'avions jamais échangés.

— Je suis désolée d'avoir eu honte de toi.

Je m'arrêtai.

— Je suis désolée d'avoir souhaité qu'on te laisse dehors.

Les larmes vinrent sans bruit.

— J'étais une enfant. J'avais peur.

Je ne lui demandais pas de me pardonner. Je comprenais enfin que l'enfant que j'avais été n'avait pas à être condamnée non plus.

Elle avait vécu une situation trop lourde pour son âge.

Elle avait essayé de se protéger avec les mots qu'elle connaissait. Je repris :

— Je sais maintenant que tu n'étais pas seulement celle que j'ai connue.

Je lui parlai de son métier. De ses voyages. De l'homme. De ma mère. De la bassine. Des maisons.

De tout ce que sa vie avait laissé dans la nôtre.

Puis je prononçai les mots que j'aurais voulu que quelqu'un lui dise avant sa mort :

— Tu avais encore de la valeur, même lorsque tu ne pouvais plus prendre soin de toi.

La photographie ne répondit pas. Mais pour la première fois, je n'eus pas besoin de réponse.

Je rangeai l'image avec davantage de précaution qu'autrefois. Elle n'était plus un secret trouvé dans une armoire. Elle était devenue une responsabilité.

Tant que je connaissais la femme de la photographie, je ne pouvais plus laisser le mot *folle* raconter toute son histoire.

Je devais témoigner qu'avant la maladie, elle avait eu une voix.

Et qu'après la maladie, même lorsque cette voix s'était perdue, sa vie continuait à mériter d'être racontée avec respect.

Chapitre 16 : Derrière celle que l'on disait folle

Lorsque j'étais enfant, je voyais d'abord en Maman Aline ce qui me faisait peur ou me couvrait de honte. Je ne possédais ni les mots ni les informations qui m'auraient permis de séparer la femme de la maladie. Je voyais les cheveux défaits, les conversations que je ne comprenais pas, les départs sans destination. Je me souvenais surtout de la nuit où elle m'avait frappée.

Il m'a fallu devenir adulte pour accepter deux vérités qui, pendant longtemps, m'avaient paru incompatibles : ma tante n'était pas coupable d'être malade, et l'enfant que j'étais avait le droit d'avoir peur.

La compassion ne demande pas de nier la violence d'une scène. Elle demande de ne pas transformer une personne en cette seule scène. Elle oblige également les adultes à protéger les enfants. Aucun enfant ne devrait être chargé de surveiller, de calmer ou de contenir une personne dont les réactions peuvent devenir imprévisibles. Aimer Aline ne signifiait pas nous exposer sans explication ni sécurité.

Ma mère avait essayé de me transmettre cette nuance avec une phrase :

— Si elle était en bonne santé, elle serait chez elle.

Elle ne me demandait pas d'oublier les coups. Elle me rappelait qu'Aline n'avait pas choisi de dépendre des autres, de perdre son métier ou de passer d'une maison à une autre. Cette phrase empêcha peu à peu ma blessure de devenir de la haine.

Elle m'apprit aussi à regarder ceux qui prenaient soin de ma tante. Mon père cherchait une guérison auprès des personnes et des institutions qu'on lui recommandait. Ma mère, elle, accomplissait ce qui restait lorsque les consultations, les prières et les traitements étaient terminés : les repas, les bains, les vêtements, les nuits, les refus, les recommencements.

Ni l'un ni l'autre n'avait reçu la préparation nécessaire. Ils avançaient avec l'amour, mais l'amour ne remplace pas l'information, les soins continus, le répit ni le soutien. Une famille peut entourer. La foi peut soutenir. Elles ne devraient jamais être contraintes de porter seules une maladie psychique grave.

Je ne raconte pas cela pour tourner en dérision les croyances de ma famille. Mon père voulait sauver sa sœur. Lorsqu'on lui parlait d'une adresse, il s'y rendait. Lorsqu'on lui promettait une délivrance, il espérait. Mais une explication unique peut devenir dangereuse lorsqu'elle ferme la porte à toutes les autres. La foi et la médecine n'ont pas besoin d'être ennemies.

Il reste beaucoup de choses que nous ne saurons jamais. Nous ignorons le diagnostic précis d'Aline, le contenu de son traitement en France et ce qu'un accompagnement différent aurait changé. Nous savons seulement que son état se modifia profondément et que la continuité de ses soins ne fut pas assurée comme elle aurait dû l'être.

Nous savons aussi que, derrière les comportements dont le quartier se moquait, une femme avait existé. Une enseignante à qui des parents avaient confié leurs enfants. Une sœur que mon père continua d'aimer jusque dans son impuissance. Une belle-sœur dont ma mère prit soin au prix d'une part de sa propre liberté.

Cette histoire m'a appris à me méfier des mots qui enferment. Dire d'une personne qu'elle est folle ne dit rien de la vie qu'elle a connue, des liens qu'elle a perdus, des soins dont elle a besoin ou du prénom par lequel quelqu'un continue peut-être de l'appeler.

Elle m'a appris, en même temps, que la dignité de la personne malade ne doit pas effacer celle des proches. Les aidants peuvent aimer et s'épuiser. Les enfants peuvent compatir et demander à être protégés. Reconnaître leurs limites ne transforme pas le malade en coupable.

Si une famille se reconnaît dans ces pages, je voudrais qu'elle entende ceci : ne laissez pas une seule personne porter tous les soins. Cherchez une évaluation professionnelle. Expliquez la situation aux enfants sans les terroriser. Écoutez leur peur. Préservez autant que possible la voix et la dignité de la personne malade. Et acceptez de demander du relais avant que l'épuisement ne devienne une nouvelle blessure familiale.

Je ne peux réécrire la vie de ma tante. Je ne peux lui rendre ses années en France, sa classe, ses projets ni la maison qu'elle aurait peut-être eue. Je peux seulement refuser que le mot par lequel on la raillait devienne son épitaphe.

Elle fut malade. Elle fut aussi une femme entière, même lorsque la maladie nous empêchait de la voir ainsi.

Derrière celle que l'on disait folle, il y avait Aline Béatrice.

ÉPILOGUE

Elle avait un prénom

Quelques années après la mort de ma tante, je croisai une femme dans une rue très fréquentée. Ses cheveux étaient défaits.

Ses vêtements portaient la poussière de plusieurs journées. Elle marchait seule en parlant à voix haute, s'arrêtant parfois pour répondre à une personne que personne d'autre ne voyait. Les passants l'évitaient. Certains changeaient de trottoir. D'autres ralentissaient simplement pour l'observer. Un groupe d'enfants se mit à rire.

— Regardez la folle !

Le mot traversa la rue. Pendant un instant, je ne vis plus cette inconnue. Je revis ma tante. Je revis la cour de notre maison. Le portail qu'il fallait surveiller. Les bassines d'eau. Les vêtements que ma mère préparait. La marmite dont nous protégions le couvercle.

Je revis la nuit où elle m'avait frappée et le matin où j'avais demandé qu'on la jette dehors.

Puis j'entendis de nouveau la voix de ma mère :

— Si elle était en bonne santé, elle serait chez elle.

La femme continua à marcher. Elle ne semblait pas avoir entendu les enfants.

Ou peut-être avait-elle appris à ne plus réagir. Je me demandai quel prénom elle portait. Qui l'avait connue avant cette rue ? Avait-elle étudié ? Travaillé ? Aimé quelqu'un ?

Existait-il, quelque part, une photographie d'elle soigneusement coiffée, debout devant un bâtiment, avec un avenir encore intact dans les yeux ? Quelqu'un la cherchait-il ? Une mère pensait-elle à elle ?

Un enfant avait-il honte de la reconnaître ? Je ne savais rien.

Mais je savais désormais que mon ignorance ne m'autorisait pas à la réduire à ce que je voyais. L'un des enfants s'approcha encore.

— La folle ! répéta-t-il.

Je me tournai vers lui.

— Elle est malade.

Il cessa de rire.

— Tu la connais ?

— Non.

— Alors, comment tu sais ?

Je regardai la femme s'éloigner.

— Parce que si elle allait bien, elle aurait probablement une autre vie.

L'enfant ne répondit pas. Peut-être oublia-t-il mes paroles quelques minutes plus tard. Peut-être qu'elles restèrent quelque part en lui. Je ne pouvais pas le savoir.

Mais je venais de transmettre ce que ma mère m'avait donné des années auparavant. Une autre manière de regarder.

Nous ne pouvons pas toujours guérir les personnes que nous rencontrons.

Nous ne pouvons pas reconstruire leur histoire ni réparer tout ce qu'elles ont perdu.

Mais nous pouvons refuser d'ajouter notre mépris à leur souffrance. Nous pouvons choisir nos mots. Détourner un enfant de la moquerie. Soutenir une famille épuisée.

Reconnaître le travail de celle qui donne les bains, prépare les médicaments et veille pendant la nuit.

Nous pouvons comprendre que la foi n'interdit pas les soins et que la médecine n'insulte pas nos convictions.

Nous pouvons chercher de l'aide avant que les années ne passent.

J'aurais voulu que notre famille sache tout cela en 1975.

J'aurais voulu que quelqu'un accompagne ma tante jusqu'au Cameroun avec un dossier clair, un traitement suivi et des explications précises.

J'aurais voulu que mon père n'ait pas à chercher seul. Que ma mère reçoive du soutien. Que les enfants soient écoutés. Que les sœurs comprennent avant de condamner.

Mais aucune histoire ne se réécrit à partir de nos regrets.

Elle peut seulement devenir une lumière pour ceux qui vivent aujourd'hui ce que nous n'avions pas su comprendre. Ma tante est morte en 2002.

Pendant longtemps, on l'avait appelée par sa maladie. Aujourd'hui, lorsque je pense à elle, je vois d'abord la femme de la photographie.

La jeune Camerounaise partie en France pour étudier. La maîtresse entourée d'enfants. La fiancée qui croyait à une promesse. Puis je vois la malade.

Je ne détourne plus les yeux de l'une pour protéger l'autre. Elles appartiennent à la même vie.

Ce livre ne lui rendra pas les années perdues. Il ne corrigera pas toutes les erreurs.

Il ne répondra pas aux questions restées ouvertes. Mais il peut accomplir une chose :

empêcher que le dernier mot posé sur elle soit folle. Elle était une fille. Une sœur. Une belle-sœur. Une tante. Une enseignante. Une femme amoureuse. Une malade.

Et jusqu'à la fin, elle demeura un être humain digne d'être regardé autrement. Dans le quartier, ils voyaient une folle.

Dans notre maison, nous vivions avec une maladie. Dans la photographie, j'ai retrouvé une femme.

Et dans cette histoire, je lui rends enfin son humanité.

www.ingramcontent.com/pod-product-compliance
Lightning Source LLC
LaVergne TN
LVHW050818061126
851857LV00012B/873
* 9 7 8 2 9 8 2 5 3 8 5 4 2 *